LA CUISINE DES CHATEAUX

de la LOIRE

Gilles et Bleuzen du Pontavice

Collection dirigée par
BLEUZEN DU PONTAVICE
Photographies
CLAUDE HERLÉDAN

Editions OUEST-FRANCE

L'histoire de la vallée de la Loire est liée à la présence sur ses rives de la dynastie des rois Valois. En 1422, Charles VII succède à son père dans un royaume coupé en deux. Il réside au château de Chinon où le retrouvera Jeanne d'Arc pour une épopée victorieuse jusqu'au sacre à Reims. Car sans sacre, pas de roi de France. Un autre château du roi est Loches, rude donjon où il abrite sa favorite la belle Agnès Sorel et le célèbre Taillevent, grand cuisinier dont nous reproduisons quelques recettes. Tout au long du XVe siècle se construisent ou se rénovent Blancafort, Gien, La Verrerie, Maupas, Meillant, Menetou-Salon, Montrésor, Ussé, Montsoreau, Brissac.

En 1461, le nouveau roi est Louis XI, qui installe la reine à Amboise. Lui est grand voyageur, construit Langeais et abrite ses tourments à Plessis-lès-Tours. Son fils devient Charles VIII en 1483, épouse à Langeais la duchesse Anne de Bretagne, et introduit la Renaissance à Amboise, où il meurt de s'être heurté à une porte. Son cousin Louis XII fait reconstruire le château de Blois et y installe une cour raffinée. En 1515, voici François Ier. Il a vingt ans et fait venir au Clos-Lucé Léonard de Vinci qu'il admire beaucoup. C'est l'époque de Chambord, symbole de la puissance de la France. Mais aussi de Chenonceau, Azay-le-Rideau, La Bourdaisière, Villandry, Beauregard, Villesavin, Montreuil-Bellay, Serrant, la Renaissance française dans toute sa splendeur. A la fin du XVIe siècle, la cour délaissera la Loire pour se rapprocher de Paris. Mais on construira encore de grandes demeures : Cheverny, Sully-sur-Loire, Châteauneuf-sur-Loire, avant que le temps ne fasse son œuvre.

Dans une vitrine du château de La Ferté-Saint-Aubin.

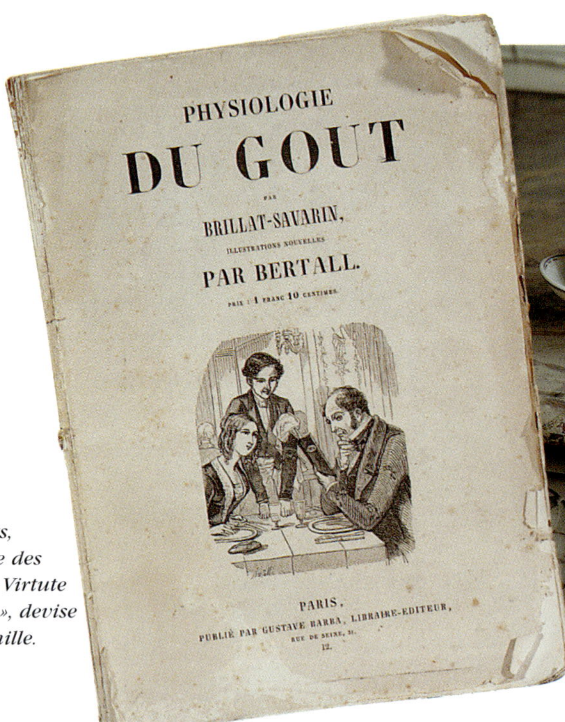

Petits pots, au chiffre des Brissac. « Virtute Tempore », devise de la famille.

Certains châteaux ont disparu, d'autres font de belles ruines, heureusement il en reste beaucoup, qui ne sont plus des donjons de défense, souvent encore des demeures familiales, souvent aussi des monuments que l'on visite comme des souvenirs d'une époque révolue. Ce qu'ils nous offrent dans ce livre est une partie intime qui n'a jamais cessé d'exister : depuis Taillevent jusqu'au donjon de Loches, on note sur des carnets les recettes de tous les jours et celles des jours de fête, on cultive cette terre féconde, on pêche dans les fleuves et on chasse dans les bois pour approvisionner la table. Nous en rapportons une cuisine souvent proche du terroir, rurale et cependant marquée du raffinement de l'art de vivre dans les châteaux, une cuisine qui a traversé les siècles. Une cuisine appréciée aussi, de plus en plus : pour rendre la visite attrayante, il ne suffit plus de montrer une belle cheminée, il faut qu'il y ait du feu dedans ! Depuis quelques années, peut-être y avons-nous joué un petit rôle, la cuisine des châteaux a quitté l'espace domestique. Quand elle existe, on l'a remise en valeur comme à Chenonceau. Quand elle n'existe pas, on en parle souvent. En tout cas, elle se réchauffe !

Une de nos meilleures découvertes fut la visite des souterrains de Brézé, qui nous rappela cette évidence : le château existe par la terre qui l'entoure. Il en tire parfois sa richesse, plus communément sa subsistance. Si la vie de château a bien changé, elle continue de nous fournir en bonnes idées et bons produits !

LA BUSSIÈRE

Au château des pêcheurs

On l'appelle le « château des pêcheurs », à cause de ses collections importantes se rattachant à l'art de la pêche. De plus, La Bussière se reflète dans un grand étang creusé par Jean-Baptiste du Tillet sous Louis XIV. C'était alors le siège d'un grand domaine dont on devine l'importance à la masse des greniers, de briques roses losangées de noir, qui enfermaient la dîme de plus de 30 000 hectares de terres. Les du Tillet, propriétaires de 1518 à la Révolution, firent édifier le château actuel terminé sous Louis XIII et aménager le parc par Le Nôtre. La famille ayant émigré, le château leur fut confisqué. Ils purent le racheter au XIXe siècle, mais durent s'en séparer. C'est depuis longtemps une vieille famille de l'Orléanais, les Chasseval, qui en est propriétaire.

La cuisine donne sur l'étang et a gardé ses murs de brique du XVIe siècle. L'élément le plus moderne y est un grand fourneau à charbon du XIXe siècle. Des resserres et réserves permettent de stocker l'alimentation d'une grande maisonnée, un four à pain et une pompe à eau complétant l'indépendance du château. Le potager est l'objet de tous les soins de la comtesse de Chasseval, qui a bien voulu nous confier ses recettes, ainsi qu'un rare carnet daté de 1761.

Dans la salle à manger, tendue de cuir de Cordoue, terrine en forme de carpe du XIXe siècle.

Poisson en céramique, fabrication du Nord.

Le « château des Pêcheurs » s'entoure d'un grand étang et de douves, desquelles on accède à la cuisine.

Brochet à l'esturgeon

Il faut bien entendu comprendre brochet façon esturgeon.
Recette du XVIIIe siècle

Il faut bien laver le brochet, après quoi le couper par ruelle ; le mettre à mariner environ 4 à 5 heures avec des fines herbes, un peu d'aille, un peu d'huile d'olive, sel, poivre ; après quoi faites prendre le foie et le cœur, que l'on met dans une caisse de papier enfarcé, ayant posé les ruelles sur ladite farce. Vous la faites cuire entre deux feux et le tout cuit vous faites un petit roux léger et y joignez un peu de vin blanc ; la caisse étant servie sur le plat, vous l'arrosez de ladite sauce.

Flan de pommes de terre soufflé

Recette du XVIIIe siècle

Vous prendrez huit pommes de terre que vous ferez cuire ; vous les pilerez dans un mortier. Vous prendrez un bon morceau de beurre que vous pilerez avec du zeste de citron ou de la fleur d'oranger pour donner du parfum ; étant bien pilé, vous y mettrez huit jaunes d'œufs que vous y mêlerez bien ; après vous joiterez vos blancs d'œufs comme pour faire du biscuit, vous mêlerez le tout ensemble et le ferez cuire. Vous y mettrez du sucre.

Cerise coiffée

Recette du XVIIIe siècle

Oter les queues et noyaux des cerises et les faire cuire dans un bouillon à demi sucré, ensuite, quand elles sont « refroidies », les ajouter les unes sur les autres en les croisant avec le plus de hauteur possible, y mettre une queue au milieu pour former la cerise, les poudrer de sucre fin, les faire sécher à l'étuve ou au beau soleil.

Boudin à la Richelieu

Vous prenez un bon morceau de bœuf bouilli gras et maigre. Vous le mettez dans le mortier pour bien le piler ; une fois pilé vous y mettez un peu d'espagnole et un morceau de beurre de la grosseur d'un œuf et vous pilez le tout ensemble. Ensuite vous l'assaisonnez de poivre, de sel, de muscade. Vous y mettez deux œufs entiers l'un après l'autre et vous mêlez le tout ensemble (pour que ce soit plus délicat vous passez au travers d'un tamis de crin). Ensuite vous le travaillez dans une terrine avec une spatule et vous laissez reposer. Vous ajoutez un peu de farine sur le tout et vous roulez votre farce de la longueur de 5 cm. Vous fermez votre boudin que vous mettez à sauter dans un plat avec du beurre clarifié et vous le faites marcher tout doucement sur le feu.

L'espagnole

est une grande sauce de base à usage courant au XIXe siècle et au début du XXe. Vu sa complexité, et surtout le temps qu'elle réclamait, elle a été ramenée au plus simple. Quant à nous, nous pouvons utiliser des glaces de viande du commerce.

Beurre clarifié

Faites fondre le beurre et récupérez toute la partie claire. Laissez au fond la substance blanchâtre (la caséine) qui provoque le noircissement du beurre à la cuisson.

Coq en pate ou pie de poulet

Entourez un plat allant au four d'une bande de feuilletage. Mettez dans le fond du plat de l'oignon finement ciselé, du persil haché, des tranches minces de bacon pas trop gras dans la poitrine ; on range dessus les morceaux de poulet préalablement cuits au jus. On remet de nouveau oignons et persil fins, des jaunes d'œufs durs broyés, une cuillerée de duxelle (la duxelle est un hachis de champignons) ; on mouille d'un bon jus en sorte que les morceaux baignent bien ; on recouvre entièrement le plat de feuilletage. On met à cuire à four chaud 25 minutes. Pour que le feuilletage ne brûle pas quand il commence à cuire, recouvrez d'un papier beurré.

Cette saison 1911-1912, Auguste de Chasseval tua 382 pièces de gibier, dont 174 lapins, 62 faisans, 58 bécasseaux, 2 pluviers… une saison moyenne au début du XXe siècle !

Œufs à la ouistiti

Beurrez des petits moules, avec du persil haché, sel, poivre. Cassez un œuf dans chaque moule. Mettez tous les moules dans une large casserole remplie d'eau chaude et mettez-la dans le four pendant 4 à 5 minutes. Lorsque les œufs sont cuits, mettez-les en couronne sur un plat. On peut s'aider d'un couteau pour les démouler. On les sert avec une sauce.

Sauce au gras

Une cuillerée de farine, gros comme un œuf de beurre, sel poivre, que vous travaillez sur le feu. Vous ajoutez petit à petit un bol de jus de viande. Vous versez sur les œufs et servez chaud.

Sauce au maigre

Mettez sur le feu gros comme un œuf de beurre, sel, poivre, une cuillerée de farine et travaillez sur le feu. Colorez la sauce avec du caramel ou tout autre colorant. Ajoutez petit à petit du vin blanc et servez de la même manière.

Potage à la royale

Vous délayez sept jaunes d'œufs et deux blancs avec deux louches de bouillon froid bien dégraissé, puis vous faites au bain-marie comme une crème. Lorsque c'est bien froid, vous taillez par très petits morceaux carrés et vous versez dessus au moment de servir le bouillon.
Pour cette recette, il aura fallu évidemment préparer un bouillon soit de poule, soit de bœuf, bien augmenté de légumes du potager, des herbes et du poivre. Qu'il ait cuit au moins 2 heures, qu'il ait refroidi afin de le dégraisser. Un bouillon de cette sorte est une mine pour la cuisine, puisqu'il peut servir de base à maintes recettes.

Bœuf carottes

Prenez un beau morceau de paleron que vous piquez de morceaux de lard assez gras. Faites-le rissoler de part en part dans de l'huile d'olive. Réduisez le feu et ajoutez un bon verre de vin blanc et laissez cuire à couvert durant 1 heure. Epluchez deux oignons que vous émincez, six gousses d'ail dont vous enlevez le germe vert, et un bon kilo de carottes coupées en rondelles. Au bout de 1 heure, ajoutez tous ces ingrédients autour du paleron, remettez un peu de liquide (vin ou eau) s'il en manque mais que cela ne soit pas trop mouillé. Laissez cuire encore 1 heure et demie à tout petit feu. Vérifiez de temps à autre que le jus ne se soit pas entièrement évaporé.
Salez et poivrez, quelques minutes avant de servir avec des pommes de terre cuites en robe des champs et une bonne salade verte et croquante à la vinaigrette à l'estragon.

Bœuf carottes.

Glace à la vanille

1 l de lait,
300 g de sucre en poudre,
8 ou 10 jaunes,
1 gousse de vanille.

Mettre le lait en ébullition avec la vanille fendue.
Placer les jaunes d'œufs dans une terrine, les broyer au fouet et y verser peu à peu le sucre. Travailler avec le fouet 10 minutes. Quand le lait bout, le verser peu à peu sur les jaunes. Replacer le tout sur le feu et cuire en remuant doucement à la spatule.
On reconnaîtra la cuisson :
- quand la mousse aura disparu ;
- quand l'appareil nappera la spatule.

Aussitôt enlever du feu et de suite passer à la passoire fine et réserver en terrine de préférence. Préparer cet appareil le matin pour ne s'en servir que le soir.
Au moment de glacer, ajouter à cet appareil 25 cl de crème douce dite fleurette, puis verser dans la sorbetière et couvrir et sangler. Commencer à tourner jusqu'à ce que par sa résistance la glace prise vous empêche de continuer et vous indique aussi qu'elle est suffisamment consistante pour l'emploi : à ce moment ajouter s'il y a lieu les liqueurs avec modération. Le degré de glace est pris en 15 à 20 minutes. Il est possible de ne pas mettre de crème. Sans sorbetière, il faut remuer deux ou trois fois à la fourchette.

Il nous est rarement donné de reproduire des carnets de recettes du XVIIIe siècle. Celui qu'a retrouvé pour nous Mme de Chasseval regorge de conseils pratiques, de prescriptions pharmaceutiques, prouvant bien que la cuisine était aussi un exercice de santé. Ces quelques recettes que nous reproduisons respectent l'orthographe d'origine.

MENU du 28 octobre

Soupe aux orties blanches
Carpe farcie à la poyaudine
(c'est-à-dire selon la tradition de La Puisaye)
Baba au rhum

SOUPE AUX ORTIES BLANCHES

C'est une soupe
qui se confectionne comme
la soupe à l'oseille.

Faites tomber les feuilles d'orties au beurre, ajoutez des pommes de terre en carré, mouillez d'eau ou mieux de bouillon de poule. Salez

et laissez cuire à couvert 1 heure. Mixez la soupe et poivrez. Délayez un jaune d'œuf avec du bouillon froid que vous ajoutez dans le potage.

CARPE FARCIE À LA POYAUDINE

Pour 4 personnes, il faut nettoyer et parer une belle carpe de 1 kg environ, la laver à l'eau courante longuement ; l'égoutter puis la poser sur une planche et la farcir avec un mélange intime de 80 g de lard maigre haché avec le foie de la carpe, les laitances s'il y a lieu, du persil, de l'échalote ; on y ajoute un peu de pain de mie trempée dans du lait et un œuf entier, plus sel et poivre, noix de muscade et queues de champignons. La cavité de la carpe étant remplie de cette farce il est inutile de coudre la poche (Mme de Chasseval préfère la coudre), si on entoure le corps du poisson d'une large et mince barde de lard, ficelée, qui maintient le tout en place. Disposer la carpe dans un plat à gratin, l'entourer d'une douzaine de petits oignons étuvés au beurre au préalable. Ajouter autant de têtes de champignons crus. Verser un verre de vin blanc sec et cuire à four chaud 20 minutes. Au moment de servir, enlever la barde de lard s'il en reste. Lier la sauce avec un peu de crème fraîche.

La maîtresse de maison sera sage de faire elle-même la répartition équitable de la chair du poisson, de la farce, des garnitures et de la sauce entre ses convives.

BABA AU RHUM

Recette très simple et délicieuse d'une grand-mère martiniquaise qui fournissait le rhum vieux.

Mélangez un jaune d'œuf et 90 g de sucre jusqu'à blanchissement, ajoutez une noix de beurre, un paquet de levure alsacienne et trois cuillerées de lait, puis 100 g de farine. Montez le blanc en neige que vous adjoignez au reste. Mettez la préparation dans un moule en forme de couronne beurré. Enfournez à four chaud, on voit qu'il est cuit quand il offre un peu de consistance. Démoulez et laissez refroidir. Décorez avec des fruits confits. Arrosez avec un sirop de sucre et de rhum. Doublez les proportions pour un gros baba.

LA FERTÉ SAINT-AUBIN

Au cœur de la Sologne

La cuisine de La Ferté-Saint-Aubin embaume les pommes et les pâtisseries. On y entre par une vaste pièce voûtée, prélude à un cellier sombre et de profondes réserves, bien nécessaires à une si vaste maison. Ce jour-là, Pierrette nous avait préparé de petites madeleines bien chaudes. Mais dans cette Sologne giboyeuse, on ne mange pas que des desserts, fût-ce la célébrissime tarte Tatin. Les poissons d'étangs sont à l'honneur : la carpe, l'anguille, le brochet... Et bien sûr les gibiers à plume et à poil. Mais la Sologne ne se livre pas facilement : pays plat coupé d'étangs, semé de taillis serré, où les villes sont de gros bourgs aux maisons basses, habillées de briques colorées. On y croise des Raboliot à casquette et des Nemrod de la capitale dont l'air farouche ne trompe personne.

Il y a peu de grands châteaux, c'était une région pauvre. La Ferté est l'un des plus imposants, édifié par la famille de Saint-Nectaire, puis Seneterre. Il resta longtemps entre les mains d'hommes d'armées : le maréchal de Lowendal, un Talleyrand, un Masséna, alors que le domaine couvrait 5 000 hectares. Puis il passa à la famille irlandaise O'Gorman à laquelle on doit un mobilier néogothique très curieux. A l'arrivée de Jacques Guyot en 1987, le château était dans un triste état, une partie détruite par un incendie. Ce grand château classique est aujourd'hui restauré et bien planté au cœur de la Sologne.

Ci-dessus.
Les pains de sucre... et le casse-sucre.

Madeleines miniatures

Proportions pour 60 pièces

2 œufs,
10 g de miel,
90 g de farine,
1 pincée de sel,
10 g de cassonade,
90 g de beurre fondu,
75 g de sucre en poudre,
1/2 cuillerée à café de levure alsacienne.

Mélanger ensemble le sucre, la cassonade, le sel, les œufs entiers dans une jatte. Fouetter le tout. Puis ajouter la farine, le beurre fondu et refroidi, le miel et la levure. Mélanger et mettre au frais pendant 30 minutes.

Remplir les moules à madeleines avec une douille de pâtissier ou à défaut à la cuillère. Mettre au four chaud (th. 6). Surveiller : les madeleines sont prêtes à être mangées 5 minutes après.

Le Cosson, canalisé, entoure La Ferté, vu ici par la façade arrière.

Un sanglier prêt à la découpe, dans la cuisine du sous-sol.

de lait et 150 g de crème. Mélangez et laissez mijoter 10 minutes. Introduisez alors deux œufs battus. Donnez quelques coups de spatule et réservez.
Etendez vos pâtes. Foncez un moule avec l'une, piquez des dents d'une fourchette et étalez votre préparation salée et poivrée. Recouvrez de l'autre pâte, faites une cheminée au milieu, et dorez au jaune d'œuf délayé dans un peu de lait. Faites des losanges dans le restant de pâte et disposez autour de la cheminée en forme de fleur.
Mettez à four chaud le temps que la pâte cuise et dore.

Tourte aux poireaux

Préparez une pâte brisée. Mélangez 500 g de farine (type 55) avec 250 g de beurre coupés en petits morceaux. Vous le faites du bout des doigts; quand c'est amalgamé, introduisez deux verres de lait et deux jaunes d'œufs et salez. Faites-en deux boules distinctes et égales, couvrez d'un torchon et laissez reposer 1 heure.
Ayez de beaux poireaux dont vous prélevez 800 g de blancs bien lavés et bien nettoyés Emincez-les très finement. Faites fondre 40 g de beurre dans une sauteuse à fond épais, mettez les poireaux et faites-les suer doucement à couvert pendant 30 minutes. Puis ajoutez 40 g de farine, remuez et versez 150 g

Tourte aux poireaux.

Conserves de citrons confits

Choisissez des citrons non traités, sinon lavez-les bien à l'eau courante en frottant. Coupez-les en deux dans leur largeur et découpez chaque moitié en quatre, mais sans aller jusqu'au bout; que les quartiers restent attachés par la base. Mettez dans un bocal et recouvrez-les de gros sel. Laissez mariner 3 ou 4 jours. Puis au bout de ce temps, rincez-les abondamment, égouttez-les bien. Disposez-les dans des bocaux que vous recouvrez d'huile d'olive. Fermez et conservez.
Les citrons confits entrent dans des préparations style tajine, poulet au citron... De plus, l'huile d'olive au goût de citron peut servir de base pour des plats ou des vinaigrettes.

Galette de pommes de terre

Cuisez 200 g de pommes de terre, écrasez-les et ajoutez 200 g de farine avec 100 g de beurre fondu et deux œufs entiers. Mélangez le tout, versez dans un plat rond et bas, quadrillez à la fourchette et mettez à cuire au four une vingtaine de minutes.
Servez avec de la crème fraîche. Cette galette s'appelle aussi truffiat ou bourre-chrétien.

Anguille à la poulette

Dépouillez et videz une grosse anguille. Coupez-la en tronçons de 5 centimètres. Faites dégorger quelques heures à l'eau fraîche, puis ébouillantez-la. Dans une large sauteuse, faites fondre 50 g de beurre, ajoutez autant de farine, mêlez le tout et mouillez avec 1 l de liquide bouillant, moitié vin blanc, moitié fumet de poisson ou bouillon. Lissez cette sauce et ajoutez les morceaux d'anguilles, quelques petits oignons grelots, un bouquet garni, un peu de sel et du poivre.
Lorsque l'anguille et les oignons sont cuits, dressez-les sur un plat, passez la sauce au chinois, liez-la avec trois jaunes d'œufs rapidement, nappez-en l'anguille.
Servez avec des croûtons dorés et des champignons étuvés au beurre.

Tarte Tatin

Préparez une pâte brisée avec 250 g de farine, 125 g de beurre doux ramolli, 1 pincée de sel et 1 bonne cuillerée de crème double. Laissez reposer 30 minutes.
Dans un moule à manqué, faites fondre du beurre avec du sucre, ajoutez 1,3 kg de pommes elstar ou golden coupées en quartiers. Faites-les rissoler. Rajoutez éven-

Galette de pommes de terre

tuellement du beurre et un peu de sucre pour permettre la caramélisation. Quand cela est fait, mettez la pâte dessus, rabattez-la à l'intérieur du moule. Mettez à four chaud et laissez cuire jusqu'à cuisson de la pâte.Démoulez sur un plat rond. Servez sans attendre avec de la crème fouettée.

La tarte Tatin est l'orgueil de la Sologne. C'est sans doute « l'acte manqué » le plus réussi de la cuisine, qui n'en manque pas! Au début du XXe siècle, les demoiselles Tatin tenaient l'hôtel Tatin et Terminus, face à la gare de Lamotte-Beuvron. Si l'on en croit la Confrérie des Lichonneux, gardienne de la tradition, l'une des deux sœurs bricola, dans la hâte d'un service précipité, ce qui n'était ni une tarte ni des pommes

Le café servi dans le grand salon XVIIIe. Le maréchal de Lowendal rapporta d'une campagne cet imposant lustre en verre de Murano.

cuites : ayant mis à cuire des quartiers de pommes et du sucre dans un moule beurré, elle les recouvrit d'une pâte et enfourna le tout. Une autre version de cette invention est moins dramatique : n'ayant pas de four, les deux sœurs préparaient leur tarte aux pommes directement sur la plaque de la cuisinière. Et, en général, ça brûlait! D'où l'idée de renverser la tarte dans un moule et de la cuire ainsi. La Confrérie des Lichonneux de tarte Tatin proscrit de la recette toute addition de crème, de confiture et tout flambage à l'alcool. Mais, loin de la Sologne, l'imagination des chefs l'a souvent enjolivée et transformée.

Un menu SOLOGNOT

SOUPE DE CHÂTAIGNES

1 kg de châtaignes,
55 g de beurre,
le blanc de 4 poireaux hachés et bien nettoyés,
4 carottes pelées et hachées,
4 navets pelés et hachés,
1 pomme de terre pelée et hachée,
3 cuillerées à soupe de crème fraîche,
sel et poivre du moulin.

Entaillez la peau des châtaignes et mettez-les dans une casserole. Couvrez d'eau et amenez à ébullition. Laissez mijoter 10 minutes. Egouttez et pelez les châtaignes chaudes. Si elles refroidissent, remettez-les dans l'eau bouillante pour qu'elles soient plus faciles à peler. On peut aussi couper les fruits en deux pour en extraire la chair à la cuillère. Faites fondre le beurre dans une cocotte et y jetez les poireaux hachés. Faites suer 10 minutes, puis ajoutez les autres légumes et les châtaignes. Salez et poivrez. Ajoutez 2 l d'eau. Couvrez et amenez à ébullition. Laissez mijoter 45 minutes.

Réduisez en purée au mixer. Rectifiez l'assaisonnement. Incorporez la crème fraîche et servez.

Il existe dans la région une vieille fête traditionnelle depuis le VIIIe siècle : la « fête aux châts », qui fait honneur à la châtaigne.

FAISAN À LA COMPOTE DE COINGS

Après la chasse, laissez mortifier au frais le faisan tout en plumes. Le jour de la préparation, plumez le faisan, videz et flambez-le et gardez le foie nettoyé. Faites une petite farce avec le foie, un peu de lard, des échalotes, du persil haché, sel, poivre, le tout bien haché, mettez cette farce dans le corps du faisan. Foncez une casserole de quelques tranches de jambon assez gras, de carottes coupées en rondelles, d'oignons en cercles, d'un bouquet garni, de deux clous de girofle ; déposez-y votre faisan, mouillez de 50 cl de vin blanc, autant de bouillon de poule ou autre, recouvrez de bardes de lard et faites cuire au four à feu très doux durant 4 heures.

Pendant ce temps, lavez quelques coings, coupez-les en quatre, enlevez le cœur et plongez-les dans une casserole d'eau bouillante 5 minutes. Egouttez-les, passez-les sous l'eau froide et enlevez la pelure. Mettez suffisamment de sucre dans un poêlon avec du jus de citron et achevez ainsi la cuisson.

Cette majestueuse fontaine de marbre, d'un seul tenant, trône dans l'office depuis le XVIIIe siècle.

Le fruitier

d'œufs avec 100 g de sucre, deux cuillerées à soupe rases de fécule ou de Maïzena. Versez-y peu à peu le lait et faites épaissir cette crème en remuant sur feu doux. Laissez bouillir. Versez cette crème un peu épaisse sur les tranches de cake. Battez les œufs en neige fermes, incorporez-leur délicatement 75 g de sucre en poudre. Déposez des cuillères de cette meringue sur la crème. Saupoudrez de sucre et faites dorer pendant 15 minutes. Servez froid.

Dressez sur un compotier et faites réduire le sirop. Arrosez les coings et servez avec le faisan. Quand le faisan est cuit, ôtez-le de la casserole et découpez-le en morceaux; enlevez la graisse de cuisson du dessus et récupérez le fond que vous versez sur le faisan.

L'ÉTANG SOLOGNOT DE LÉONE

Recette de femmes de Sologne, transmise par Léone à sa fille Micheline, à La Ferté-Saint-Aubin.

Il faut garnir le fond d'un plat allant au feu de tranches de cake (six pour 6 personnes). Arrosez-les d'un mélange de huit cuillerées à soupe d'eau et de trois cuillerées à soupe de rhum. Passez 5 minutes à feu moyen. Faites bouillir 50 cl de lait avec une gousse de vanille égrainée. Travaillez quatre jaunes

Le four à pain, creusé contre la cheminée de la cuisine.

CHATEAUDUN

D'un château à l'autre

Début de l'hiver à Châteaudun, ce grand château aux escaliers ouverts qui résume dans ses différentes parties le passage du Moyen Age à la Renaissance. Un château qui porte l'empreinte de ses propriétaires prestigieux : les comtes de Blois, puis Jean d'Orléans, comte de Dunois et franc compagnon de Jeanne d'Arc, puis ses descendants les ducs de Longueville. Ceux-ci s'éloignent de Châteaudun après 1573. Un siècle plus tard, le château passe à la famille de Luynes. Mais il est vieux et délabré. La Révolution, les Prussiens en 1815 et encore en 1870 l'amenèrent au bord de la ruine. Depuis 1938 et son achat par l'Etat, il a été restauré, ouvert aux visites et s'ouvre maintenant à la cuisine de son temps, c'est-à-dire du temps de Dunois.

Ci-dessus.
Ce cerf « à la reposée » domine la cheminée de la grande salle. Sa tête est en bois et ses bois sont en corne. Car, dit-on, après les curées des chasses à courre des ducs de Luynes, on posait sur son corps la dépouille du cerf qui ainsi surplombait le repas de chasse.
Ci-contre.
Vu du Loir, le château présente une façade vertigineuse agrippée au rocher, rythmée par des ressauts qui rompent les lignes verticales. Châteaudun semble avoir poussé sur le rocher.

Un repas à la table de Jehan de Dunois

Vendredi 27 juillet de l'an 2007

Premier service

Pâté de gigot d'agneau en pot
Tourte d'oignons au safran
Raie en Aillée

Deuxième service

Pièces d'agneau rôtie sauce cameline
Purée de féveroles pommes et oignons rôtis à la sauge

Issue

Crème de cerises
Mousse de pommes au lait d'amandes
Croûtes dorées

Boute Hors

Orangeats, Calissons,
Pâtes de pommes aux épices

Vin d'Hypocras
Dive bouteille de Coteau du Vendômois gris
Eau de source

Tartres de pommes

Une recette de Guillaume Tirel dit Taillevent, de son Viandier du XIVe siècle

« Despeçés par pièces, et mises figues, et raisins bien nectoyés, et mys parmy les pommes et figues, et tout meslé ensemble, et y soit mys de l'oignon frit au beurre ou à l'uyle, et du vin, et le part des pommes broyés et destrampés de vin, et soient assemblées les autres pommes broiés, mises avec le surplus, et du saffran dedens ung peu de menues espices, synamome et gingembre blanc, anys et pyguriac, qui en aura ; et soient faictes deux grans abaisses de paste, et toutes les mistions mises ensemble, fort broiées à la main sur le pasté bien espés de pommes et d'aultres mistions, et après soit mis le couvercle dessus et bien couverte, et dorée de saffran, et mise au four, et fait cuyre. »

Après l'aile Dunois du XVe siècle, vient en retour le grand bâtiment dit « aile Longueville » construit au début du XVIe siècle, avec ce grand escalier qui combine le gothique flamboyant et les premiers décors de la Renaissance.

Les grandes cuisines de l'aile Dunois : quatre cheminées, des réserves, le four à pain, et les caves tout en dessous.

SALSI
FRANC

Deux recettes actualisées du Viandier de Guillaume Tirel dit Taillevent

LAIT LARDÉ, PROBABLEMENT ANCÊTRE DE LA QUICHE LORRAINE

Faire bouillir du lait. Pendant ce temps, battre des œufs avec du gingembre et du safran. Dans une poêle, faire dorer des petites tranches de lard gras. Puis mélanger les œufs et le lard, verser le lait dessus en fouettant, remettre à bouillir. Verser dans un plat en terre et mettre au frais. Le lendemain, faire des tranches et les faire frire au saindoux (ou au beurre de nos jours).

RIZ ENGOULÉ

Lavez le riz très bien à l'eau chaude, séchez-le, faites-le cuire dans du lait de vache frémissant, puis broyez et rajoutez du safran pour le roussir. Egouttez le riz, ajoutez-y du bouillon de poule. Ou du lait d'amande.

Page de gauche.
En haut, à gauche.
Chou cabus dans le potager du château, un légume très présent au Moyen Age.
En haut, à droite.
Cette solanacée du potager est un arbuste connu sous les noms d'alkékenge, mais aussi coqueret et amour-en-cage. La ressemblance entre le calice qui enferme son fruit et la vessie humaine l'a fait préconiser par Dioscoride et Galien pour soigner la goutte et les calculs. Et, de fait, elle a des propriétés diurétiques.
En bas.
Sur le marché millénaire de Châteaudun, on trouve toujours les vieux légumes : cerfeuil tubéreux, panais, salsifi, topinambour, gingembre…

En haut.
Sur un linteau du grand escalier : des faunes dansant offrent des fruits à des oiseaux indéterminés.

Ci-dessus.
La « grosse tour » est l'élément le plus ancien, daté du XIIe siècle. Le mur de base fait 4 mètres d'épaisseur. On y entrait par l'étage, le rez-de-chaussée servant de magasin. La sainte-chapelle du XVe siècle renferme des statues précieuses.

Beauregard

Sous le regard de l'Histoire

Le portrait équestre d'Henri IV tient la place d'honneur parmi les 327 personnages illustres de la galerie des portraits du château de Beauregard, élégante demeure du XVIe siècle déjà classée par Mérimée. Cet ensemble fut commandé par Paul Ardier, ancien ministre du souverain, pour orner la longue galerie Renaissance qui en joignait les deux ailes. Cette galerie n'était pas la seule de l'époque : on en retrouve une autre dans la galerie Médicis à Florence. Mais celle de Beauregard est très importante : les portraits sont groupés par règne des rois de France, de Philippe VI de Valois à Louis XIII. On y trouve bien sûr les grandes figures politiques, mais aussi des souverains étrangers, des savants et des écrivains. Richement décorée d'allégories, la galerie de Beauregard est un enchantement pour l'œil en même temps qu'une mine pour l'historien.
Le château renferme d'autres trésors, « cabinet des grelots », meubles précieux, cartel hollandais à carillon qui rythme les heures d'airs de danse, et bien sûr une cuisine. C'est la comtesse Alain du Cheyron du Pavillon qui nous a reçus dans ce château que sa famille occupe depuis 1925.

Ci-dessus.
Le sol de la galerie des portraits est couvert de carreaux de Delft, du XVIIe siècle, peints à la main, et qui représentent une armée en marche. L'inventaire mentionne 1 152 cavaliers, 1 584 mousquetaires, 1 360 piquiers, 60 tambours… pour un total de plus de 5 000 carreaux.
Ci-contre.
La salle à manger privée de Beauregard.

Poule au pot d'Henri IV

Sous Henri IV, les potagers regorgeaient déjà de nombreux légumes. La plupart subsistent toujours, et il s'en rajoute d'autres, dont la pomme de terre, bien entendu, qui n'apparut vraiment que deux siècles plus tard. Par contre, artichauts, panais, carottes, choux, navets, poireaux... existaient déjà et depuis longtemps...

Pour faire une bonne poule au pot, il vous faut une bonne poule de ferme bien grasse et bien nourrie dont vous prélevez le foie et le gésier, gésier dont vous ôterez les graviers en le séparant en deux; il faut qu'il soit bien nettoyé. Il vous faut aussi à la maison un jambon sec dont vous réservez le gras à chaque fois que vous prélevez une tranche. Il vous faut aussi du pain sec d'une semaine et aussi de bons œufs comme il en existait autrefois. Et accessoirement une bonne eau-de-vie de derrière les fagots. L'idéal est d'avoir sous la main plusieurs herbes aromatiques du jardin (persil, estragon, ciboule, sauge, cerfeuil et autres...).

Mettez une grande marmite d'eau froide en ébullition avec du gros sel. Pendant ce temps, réunissez de la couenne de votre jambon, de la mie de votre pain sec trempé dans du lait et essoré, et quelques œufs battus ainsi que le foie nettoyé et le gésier. On peut mettre aussi de la chair à saucisse qui donnera plus de volume s'il n'y a pas assez de gras de jambon. Mixez le tout ensemble et ajoutez toutes les herbes que vous avez sous la main, éventuellement un peu d'oignon haché et de l'ail écrasé sous la paume de la main. Que cette masse soit compacte et bien homogène. A ce moment-là, rajoutez un verre à fine d'eau-de-vie, et soyez avare de sel et prodigue de poivre; mais que le tout soit équilibré. Pour le savoir, prélevez un petit morceau de cette farce et cuisez-la dans un peu de beurre à feu doux, et goûtez. Réajustez le sel et le poivre.

Voilà votre farce prête. Il va vous falloir bien sûr en remplir la poule, mais aussi il vous faudra en réserver pour farcir les feuilles de chou, qui feront de petits farcis accompagnant la poule au pot.

Farcissez votre poule et cousez l'orifice. Quand l'eau bout enfin, plongez-y la poule, réduisez le feu et laissez marcher à feu doux pendant 1 heure. A ce moment, ajoutez tous vos légumes préalablement épluchés et coupés : carottes, navets, poireaux, rutabagas, céleris, oignons piqués de clous de girofle, et du chou; mais attention, de ce chou vous aurez prélevé les grandes feuilles extérieures nettes, que vous ébouillantez 2 minutes environ. Votre poule accompagnée de légumes continuera à cuire 1 heure à petit feu.

Pendant ce temps, prenez vos feuilles de chou précuites sur lesquelles vous disposez de petits tas de farce que vous avez gardés ; ficelez cet ensemble, qu'il y en ait un par convive, et plongez ces petits farcis 20 minutes avant la fin de cuisson.

Quand le tout est cuit, préparez un roux avec moitié beurre et moitié farine que vous faites légèrement dorer, mais sans roussir, ajoutez quelques louches du bouillon en remuant constamment. Laissez cuire à feu doux jusqu'à ce que ça épaississe. Allégez avec de la crème, voire un jaune d'œuf que vous aurez au préalable délayé dans du bouillon tiédi avec une goutte de vinaigre. Sortez votre poule et les légumes bien égouttés. Il est important qu'il y ait un minimum d'eau, voire plus du tout. Vous dresserez sur un grand plat la poule en morceaux et sa farce découpée en tranches, accompagnée de légumes, des petits farcis au chou et la sauce en saucière.

La grande cuisine de Beauregard. La table centrale emprisonne un pilier de soutènement. La cheminée comporte des maximes datées de 1527 : « Tiens à chacun ce que tu as promis. »

FLAMICHE AUX POIREAUX

Pour 5 à 6 personnes.

Emincez finement 500 g de poireaux épluchés, en utilisant tout le blanc, et une partie seulement du vert. Dans une poêle, faites-les étuver dans 50 g de beurre en rajoutant 50 g au fur et à mesure de la cuisson. Mouillez avec une cuillerée à soupe d'eau pour faire tomber le poireau, et laissez cuire doucement à couvert sans colorer jusqu'à ce que le poireau soit très fondu et tout le liquide absorbé. Ajoutez l'équivalent d'un quart du volume de poireau cuit en crème fraîche, et assaisonnez fortement. Partagez une pâte feuilletée de 500 g en deux bâtons. Sur une tôle humide, étendez le premier en une abaisse ronde, mettez les poireaux en boule au milieu, réservant tout autour un bord de 3 centimètres, sur lequel vous passerez le pinceau mouillé d'eau. Appliquez le second bâton abaissé de même manière en le pressant avec les doigts sur tout le tour de la partie mouillée pour bien sceller entre elles les deux abaisses de pâte. Découpez le bord à vif pour faciliter la montée de feuilletage, dentelez-le au couteau. Dorez au pinceau la surface du feuilletage avec le jaune d'œuf dilué avec une goutte d'eau, puis à la pointe du couteau quadrillez la surface. Mettez à four chaud pendant 10 minutes, puis à four moyen pendant 30 minutes. La surface du feuilletage doit être bien dorée. Servez la flamiche très chaude.

SALADE BEAUREGARD

Cette salade est en fait une mosaïque de petites entrées sur lit de mâches.

500 g de champignons frais émincés avec une vinaigrette enrichie de miettes de thon.

1 kg de langoustines que vous aurez cuites et décortiquées avec 3 tomates coupées en dés, des olives noires servies avec une mayonnaise à l'huile d'olive.

150 g de roquefort et 100 g de cerneaux de noix avec une vinaigrette à l'huile de noix.

8 tranches de viande des Grisons et des dés de croûtons aillés avec une vinaigrette classique.

Une laitue et des cœurs de palmiers coupés sur leur longueur avec une vinaigrette moutardée à l'huile d'olive et à l'échalote.

4 tranches de saumon fumé ou l'équivalent en chutes avec une sauce au citron et à la crème fraîche.

4 moitiés de crottin charentais bien faits, passés au four sur une tranche de pain avec une vinaigrette classique.

4 tranches de foie gras avec une vinaigrette très douce pour la mâche.

Pour 4 personnes, il faut compter 300 g de mâches.

Pintade braisée aux endives

Découpez une belle pintade en huit morceaux que vous farinez légèrement. Nettoyez les endives (600 g), et coupez-les en huit dans le sens de la longueur. Hachez menu 50 g de bacon ou de lard maigre. Faites fondre 30 g de beurre dans une sauteuse à feu doux. Faites dorer les morceaux de pintade et ajoutez le lard. Laissez cuire à feu doux 10 minutes en tournant souvent.

Jetez le gras de cuisson, versez trois cuillerées de vin de muscat et tournez les morceaux de pintade dans le vin. Laissez évaporer.

Ajoutez les endives, laissez-les dorer à moitié à couvert, et ce en les tournant souvent durant 15 minutes environ. Ajoutez 150 g de crème fraîche avec un peu de muscade et du poivre. Laissez réduire à feu doux 15 minutes jusqu'à ce qu'elle nappe les morceaux de volaille, puis ajoutez le jus de citron, mélangez et servez aussitôt. Si l'on veut servir avec un accompagnement d'endives, prévoir 3 livres. A faire dorer dans une sauteuse séparée et à rajouter à la pintade dès qu'elles sont fondues. Pour éviter la décomposition de la crème, prévoir une pointe de fécule.

Pain de jambon

Une recette d'Anne-Marie du Pavillon pour un petit repas du soir.

Mélangez six jaunes d'œufs, 250 g de jambon haché et 250 g de gruyère râpé, pour former une pâte épaisse et homogène. Battez les blancs en neige très fermes et mélangez-les à la pâte en soulevant comme pour un soufflé. Versez dans un moule à cake ou à charlotte beurré, égalisez à la spatule. La cuisson se fait au bain-marie à four moyen jusqu'à ce que le pain soit pris et doré.

Sauce

Faites cuire 30 g de beurre et 30 g de farine sur feu doux jusqu'à ce que cela devienne une crème cuite à blanc et mousseuse.

Versez d'un seul coup 40 cl d'eau chaude et mélangez toujours en tournant; laissez reprendre l'ébullition et ajoutez deux cuillerées à café de concentré de tomate, salez et poivrez.

Ces assiettes de Gien furent peintes vers 1920 par Mme de Gosselin, grand-mère de Mme du Pavillon. Elles reprennent, pour les repas de famille, les thèmes des carreaux de la galerie.

Dans la cuisine. Le plan de travail porté par des corbeaux est typique du Val de Loire.

Curry de porc au cidre

Découpez 1,2 kg de porc dans l'échine en petits dés de 2 centimètres de côté. Epluchez cinq oignons et coupez-les en rondelles. Faites chauffer une cuillerée à soupe d'huile avec 20 g de beurre. Faites dorer les morceaux de viande de part en part à feu vif, puis réduisez le feu et saupoudrez de farine légèrement, remuez bien, ajoutez les oignons que vous laissez colorer légèrement, saupoudrez le tout d'une bonne cuillerée de curry et arrosez le tout de deux verres de cidre brut, remuez, mettez un bouquet garni et laissez cuire à feu doux durant 1 heure et demie environ. Vérifiez le liquide de cuisson, éventuellement rajoutez un peu de cidre.

Pelez 1 kg de pommes reinettes, coupez-les en dés, faites-les dorer à la poêle dans un peu de beurre à feu très doux en les retournant de temps en temps. Quand la cuisson est achevée, salez, poivrez et ajoutez 150 g de crème fraîche. Laissez bouillir 5 minutes. Dressez la viande sur un plat, entourez des pommes dorées et nappez de la sauce au curry. On peut mettre plus ou moins de curry selon le goût de chacun. Accompagnez ce plat de riz parfumé (thaï ou basmati).

GRATIN DE POIRES

Pour 6 personnes, prévoyez 1 kg de poires au sirop. Beurrez des plats en porcelaine qui vont au four. Placez les demi-poires sur chacun. Prélevez trois jaunes d'œufs que vous mélangez avec 120 g de sucre en poudre. Que le mélange blanchisse. Ajoutez le zeste ébouillanté d'une demi-orange et 50 g de poudre d'amande et 30 g de beurre. Mélangez bien; puis versez 10 cl de lait et 10 cl de crème. Quand le tout est bien homogène, versez sur les poires et enfournez à four préchauffé et faites cuire à th. 6 le temps que ce soit coloré. Servez tiède.

CHARLOTTE AMY

Vieille recette confiée par Amy, une amie anglaise.

Pour 6 personnes

2 kg de pommes environ, si possible acides,
zeste d'orange,
chapelure,
beurre,
cannelle,
sucre,
raisins secs (facultatif).

Beurrez largement un moule à charlotte et saupoudrez de chapelure, coupez les pommes en tranches très fines, en mettre une couche bien tassée, saupoudrez de cannelle, de sucre, de chapelure; mettez quelques morceaux de beurre et quelques petits et très

fins morceaux de zestes (et les raisins si on aime cela). Tassez bien, mettez une autre couche de pommes et recommencez. Terminez par la chapelure. Mettez à four doux longtemps (1 heure et demie environ). Démoulez à froid et servez avec de la crème liquide sucrée ou crème anglaise. On peut la réchauffer à four tiède avant de servir. C'est très bon.

Charlotte Amy

GÂTEAU MANOLITO

Battez quatre œufs entiers avec une boîte de lait concentré et la même quantité de lait naturel, et 125 g de noix de coco râpée. Caramélisez un moule et mettez à cuire au bain-marie. Pour bien mélanger la noix de coco avec la crème, battez régulièrement en cours de cuisson, sinon elle fait socle à la base du moule.
Four moyen pendant 30 minutes environ. Ce gâteau peut se faire la veille.

Cheverny

De Cervantès à Hergé

Cheverny n'avait pas besoin de Tintin pour être connu et reconnu. Pourtant, en s'en inspirant pour dessiner le château du capitaine Haddock, Hergé lui a donné une célébrité de plus, et une exposition dans les communs lui rend hommage. En visitant les pièces du château, nous avons remarqué de nombreux panneaux peints, visiblement anciens. C'est en effet vers 1650 que Jean Monier, peintre de la reine Marie de Médicis, commença la décoration de Cheverny, plus de cent cinquante panneaux sur des thèmes divers selon les pièces. La salle à manger et son couloir eurent droit à l'histoire de Don Quichotte. Déjà une bande dessinée! un livre d'images résumant les quatre-vingt-six chapitres de ce monument de la littérature, dont nous avons extrait deux pièces gourmandes… du moins d'une gourmandise contrariée! Il y en a d'autres célèbres, comme les combats de Don Quichotte contre les moulins, ou les moutons, ou les outres de vin!

Ce château célébrissime a toujours été habité par la famille Hurault de Vibraye depuis sa construction d'un seul jet vers 1620. Ce qui lui donne une grande unité et en fait un emblème du classicisme à la française. Richement meublé, posé dans l'écrin de son parc, il impressionne par sa symétrie. Mais la façade arrière de style Louis XIII laisse voir des escaliers et des entresols qui sont la vie domestique du château comme le beau potager est le complément du parc. La grande salle à manger est d'apparat. C'est dans deux autres salles à manger que la marquise de Vibraye nous a confié des recettes qui ne nécessitent pas de gestes inutiles, mais le résultat est à s'y méprendre. Cherverny est une entreprise qui requiert du temps.

Bisque de homard aux moules

Pour 5 personnes

un bocal de moules au naturel,
2 oignons et 1 échalote,
50 cl de vin blanc,
2 boîtes de 300 g de bisque de homard,
75 g de beurre,
crème fraîche facultative.

Faire revenir l'échalote et les oignons émincés dans du beurre, rajouter le vin blanc, les moules et la bisque de homard, ajouter les deux boîtes vides d'eau chaude. Le temps de chauffer, voilà une entrée rapide à faire.

« A peine Sancho eût-il mangé une bouchée que l'homme à la baleine toucha le plat du bout de sa baguette, et on le desservit avec une célérité merveilleuse. Le maître d'hôtel approcha aussitôt un autre mets, que Sancho se mit en devoir de goûter; mais, avant qu'il y eût porté, non les dents, mais seulement la main, déjà la baguette avait touché le plat, et un page l'avait emporté avec autant de promptitude que le plat de fruits [...] » Pauvre Sancho, gourmand promu gouverneur et interdit de bombance par un médecin!

« C'était à mourir de rire que de le voir manger; car comme il avait la salade (le heaume) mise et la visière levée, il ne pouvait rien porter la bouche avec ses mains [...]. Quant à lui donner à boire, ce ne fut pas possible, et ce ne l'aurait jamais été si l'hôte ne se fût avisé de percer de part en part un jonc dont il lui mit l'un des bouts dans la bouche, tandis que par l'autre il lui versait du vin. »

Faisan à la choucroute

1 faisan,
1 kg de choucroute cuite et garnie à faire réchauffer,
250 g de bouillon de volaille,
100 g de vin blanc,
1 bouquet garni.

Faire revenir le faisan dans du beurre avec du sel et du poivre au fond d'une cocotte. Puis mouiller au fur et à mesure avec le bouillon et le vin. Ajouter le bouquet garni et laisser mijoter 1 heure. Faire réchauffer la choucroute à part. Dresser le faisan sur un lit de choucroute, une fois coupé.

« Prière de ne pas exciter les chiens », annonce une pancarte sur le chenil de l'équipage de Vibraye. Le repas quotidien est une attraction du château, mais ce n'est pas du folklore : l'équipage de Cheverny est renommé dans le courre du cerf.

La salle à manger des appartements privés ouverts à la visite depuis 1985, qui racontent l'art de vivre à la française.

© Valoire - A. Créations.

Mousse au chocolat meringuée

Dans sa salle à manger privée du château, Constance de Vibraye nous a préparé cette recette.

6 œufs,
200 g de chocolat,
150 g de sucre,
6 meringues très dures.

Séparer les blancs des jaunes, battre les jaunes avec le sucre jusqu'à ce que le mélange blanchisse. Faire fondre le chocolat avec deux cuillerées à soupe d'eau. Ajouter le chocolat aux jaunes. Battre les blancs très fermement et les incorporer à la préparation. Mélanger les meringues grossièrement écrasées.

Gâteau au chocolat

2 paquets de petits-beurre LU,
250 g de chocolat,
150 g de beurre,
150 g de sucre,
2 jaunes d'œufs,
2 œufs entiers.

Moudre les petits-beurre, faire fondre séparément le chocolat et le beurre, mélanger le sucre avec les œufs puis rajouter peu à peu les biscuits, le chocolat et le beurre jusqu'à l'obtention d'une pâte épaisse. Mettre dans un moule à cake puis au réfrigérateur jusqu'à ce que le tout durcisse.

Croustillant aux abricots

110 g de sucre en poudre,
150 g de beurre fondu,
125 g de poudre d'amandes,
2 œufs,
4 feuilles de brick,
1 grande boîte d'oreillons d'abricot.

Mélanger le sucre, le beurre (en garder un fond pour badigeonner les feuilles de brick), la poudre d'amandes et les œufs. Mettre deux petites cuillerées à soupe de ce mélange sur un quart de la feuille de brick beurrée. Rajouter quatre oreillons, fermer la feuille en quatre en forme de triangle, faire cuire 15 minutes.

AMBOISE

Royale Fondation

On a peine à imaginer que le château d'Amboise fut un énorme édifice remplissant son plateau surmontant la Loire. Disparus le donjon et ses tours, la collégiale où reposait Léonard de Vinci, et le logis des Sept Vertus du couple royal. Mais il reste l'aile de Charles VII et sa salle du Conseil, et la délicate chapelle Saint-Hubert perchée en saillie sur les remparts. Charles VII est le premier roi à régner depuis la Loire. Louis XI lui succède, puis Charles VIII qui fait venir des maçons de Flandre, et surtout des artistes d'Italie pour implanter le « goût italien » de la Renaissance. Louis XII lui préfère Blois, mais François Ier y est élevé, s'y plaît et construit un bâtiment emblématique de la Renaissance française. Puis les rois s'éloignent de nouveau d'Amboise. La Révolution le voit en piteux état, saisi comme bien national, puis offert par Napoléon à un fidèle qui en vend des pans entiers. Enfin Amboise revient aux Orléans, dont les appartements Louis-Philippe gardent le souvenir. Il est finalement confié par le comte de Paris à sa fondation Saint-Louis, qui administre aussi la chapelle royale de Dreux. Il est depuis longtemps ouvert aux visites, et aujourd'hui à la gastronomie de la Renaissance, qui nous a été préparée en voisin par Pascal Bouvier du restaurant Le Choiseul.

La cheminée de la « Grand Salle » ou salle du Conseil a vu passer de nombreux rois. Son manteau porte les blasons de France et de Bretagne, ainsi que la cordelière, symbole d'Anne de Bretagne.

Les recettes de Pascal BOUVIER du Choiseul à Amboise

Le banquet d'Esther, tapisserie d'Aubusson.

A droite.
Le roi Louis-Philippe en grande tenue de l'ordre du Saint-Esprit. S'il n'est pas venu à Amboise, il y fit faire de nombreuses réparations. Il porte ici le « cordon bleu » de l'ordre, qui, de par les banquets que faisaient ses membres, est finalement devenu le symbole de la bonne cuisine.

Le vin d'Amboise, un vrai vin des bords de Loire. Les vignes du parc sont du muscat de Hambourg, non pour du vin, mais pour le grappillage des visiteurs.

Matelote d'anguille de « Loire » cuisinée au Wok et écrevisses

Pour 4 personnes

800 g d'anguilles de Loire,
16 pièces d'écrevisses,
25 cl de vin rouge,
20 g de beurre,
30 g d'échalote,
2 gousses d'ail,
thym,
20 cl de jus de viande,
5 cl de sauce soja,
2 cl d'huile sésame,
250 g de pommes de terre,
12 pièces de mini-carottes fanes,
8 pièces d'œufs de caille,
100 g de lardons de porc fumé,
50 g de pain de mie,
4 pluches de cerfeuil.

Préparer les anguilles, lever les filets et les couper en lanières.
Cuire les écrevisses dans un court-bouillon environ 2 minutes, puis les décortiquer.
Pour confectionner la sauce matelote : faire suer avec un petit peu de beurre les carcasses d'écrevisses, les échalotes émincées, l'ail et le thym. Mouiller avec le vin rouge et faire réduire de moitié, ajouter le jus de viande et laisser cuire jusqu'à bonne consistance. Passer au chinois et rectifier l'assaisonnement.
Préparer la garniture d'accompagnement : 3 petites pommes de terre tournées et cuites vapeur, 3 pièces de mini-carottes épluchées et cuites à l'eau, 2 œufs de caille pochés par personne, 3 beaux lardons taillés dans la poitrine de porc fumée, puis poêlés, quelques croûtons de pain de mie poêlés et dorés.

La chapelle est aujourd'hui séparée du château de Charles VII, mais on devine l'ampleur des bâtiments qui les réunissaient. Amboise est indissociable de ses deux grosses tours rondes dont les rampes permettent aux chevaliers de les gravir… à cheval.

Faire chauffer le wok, saisir fortement les lanières d'anguilles avec un filet d'huile de sésame. La cuisson doit être rapide pour donner un croustillant aux anguilles sans trop les cuire, ajouter en fin de cuisson la sauce soja pour finir de les caraméliser.

Réchauffer toutes les petites garnitures, les écrevisses, et dresser l'ensemble harmonieusement dans une assiette et napper de sauce, finir avec une pluche de cerfeuil. On peut l'accompagner du Touraine du château d'Amboise. Le décor est ici un dossier de chaise en trompe l'œil, fierté de la Renaissance experte en perspective.

Rizotto « Carnaroli » aux cèpes grillés, potimarron et tuiles dentelles au parmesan

Pour 4 personnes

200 g de riz « carnaroli »,
25 g de beurre,
1 petit oignon,
fleur de thym,
10 cl de vin blanc sec,
25 cl de jus blanc de volaille,
5 cl de crème fraîche,
30 g de crème fouettée,
250 g de potimarron,
6 cèpes bouchons coupés en deux,
200 g de parmesan râpé,
50 g de copeaux de parmesan.

Sauce :

20 cl de fond blanc de volaille,
10 cl de crème fleurette,
50 g de parmesan râpé.

Eplucher le potimarron et le couper en gros cubes, l'envelopper dans un papier aluminium et cuire la papillote dans un four chaud 200/220° environ 45 minutes. Après cuisson, passer le tout au presse-purée.

Pour confectionner les tuiles : parsemer le parmesan râpé en forme de cercle d'environ 8 cm sur une plaque antiadhésive, cuire au four chaud 180° quelques minutes. Lorsque le fromage est coloré, sortir la plaque, décoller les tuiles et leur donner la forme voulue.

Pour la réalisation de la sauce : faire réduire le fond de volaille, ajouter la crème et lier avec le parmesan râpé, rectifier l'assaisonnement.

Ciseler finement l'oignon et le faire suer avec la fleur de thym dans le beurre, ajouter le riz et bien l'enrober de matière grasse. Mouiller avec le vin blanc, puis le jus de volaille sans arrêter de mélanger à l'aide d'une cuillère en bois. Lorsque le riz a absorbé complètement le liquide, ajouter la crème liquide et 25 g de parmesan râpé. Ajouter la purée de potimarron et la crème fouettée au dernier instant.

Griller les cèpes et finir leur cuisson au four.

Dresser le risotto au centre de l'assiette, placer les trois demi-cèpes grillés autour en intercalant d'une tuile. Napper de sauce émulsionnée et placer quelques copeaux au centre du risotto.

Effiloché de lièvre, pommes et coings caramélisés, sauce poivrade

Pour 4 personnes

2 cuisses de lièvre,
2 cl d'huile,
30 g de beurre,
25 g de farine,
50 cl de vin rouge corsé,
1 carotte,
1 oignon,
1 branche de céleri,
poivre en grain/baies de genièvre,
25 cl de jus de gibier,
5 cl de vinaigre de vin rouge,
20 g de gelée de groseille,
3 pommes « Royal Gala »,
1 coing,
300 g de boule de céleri-rave,
25 cl de lait,
10 cl de crème fraîche,
cerfeuil pour le décor.

Faire mariner 48 heures les cuisses de lièvre dans le vin rouge avec une garniture aromatique (carotte/oignon/céleri branche coupés en dés) avec quelques grains de poivre et genièvre écrasés.

Egoutter les cuisses, les faire colorer dans un sautoir avec un peu d'huile et de beurre, ajouter la farine et la garniture aromatique. Faire torréfier le tout dans un four chaud durant quelques minutes, déglacer avec le vinaigre et le vin rouge, mouiller avec le jus de gibier. Laisser cuire à four chaud 180° environ, jusqu'à ce que la chair des cuisses se défasse de l'os.
Pendant ce temps, éplucher et couper en gros dés le céleri-rave. Cuire le céleri dans de l'eau et le lait avec deux pommes préalablement épluchées. En fin de cuisson, égoutter et passer au presse-purée, ajouter la crème et rectifier l'assaisonnement.
Effeuiller les cuisses, passer la sauce et la faire réduire, puis ajouter la gelée de groseille et rectifier l'assaisonnement.
Eplucher, tailler en quartiers le coing et la pomme restante, les caraméliser au beurre et finir leur cuisson au four.
Dresser l'effiloché de lièvre dans un cercle sur un lit de purée de céleri et pomme. Napper de sauce et ajouter le quartier de coing, de pomme dessus et finir avec une pluche de cerfeuil.

La chapelle Saint-Hubert vue depuis le bas des murailles.

Le buste de Léonard de Vinci, à l'emplacement de la collégiale disparue.

Cette cathèdre ou chaire porte le blason du cardinal Georges d'Amboise, qui unit Charles VIII et la duchesse Anne.

LE CLOS-LUCÉ

« Ne pas prévoir, c'est déjà gémir »

Le génie de Léonard de Vinci éclate partout dans le parc du Clos Lucé : des maquettes de ses inventions en tout genre, de l'urbanisme, des armes, de l'optique, de l'hydraulique, un bateau, un char d'assaut, une vis d'Archimède, et l'hélice qui donnera l'hélicoptère… A l'intérieur, François Saint Bris nous accueille dans la maison que sa famille possède depuis deux siècles, ouverte au public depuis cinquante ans et aujourd'hui vouée à la gloire de cet artiste incomparable. Pas un très grand château, mais une demeure chaleureuse habillée de briques et de tuffeau. Autrefois manoir fortifié, il fut acheté par Etienne Le Loup, un ancien marmiton que Louis XI avait pris sous sa protection. Charles VIII y construisit une chapelle pour sa reine Anne de Bretagne. Puis François Ier y vécut jeune, avant d'y faire venir Léonard qu'il admirait beaucoup et visitait chaque jour. Les trois dernières années de sa vie itinérante, qu'il vécut ici, permirent à Léonard d'importer en France le génie de la Renaissance. C'est le 2 mai 1519 qu'il s'éteignit au Clos-Lucé. De la chapelle Saint-Hubert du château d'Amboise où il repose, on voit le Clos-Lucé : « Heureux le domaine qui est sous l'œil de son maître. »

Dans ses notes on trouve des maximes et des dessins en rapport avec la cuisine, comme un tournebroche actionné par la chaleur. C'est dans l'esprit de son temps que Sieur Sausin nous a préparé les recettes qui suivent avec son aide Cyril.

« Que sobriété, saine alimentation et bon sommeil te maintiennent en santé. »

Ci-dessus.

« Je crois que le bonheur naît aux hommes là où l'on trouve de bons vins. » Cette fontaine en faïence du XVIIIe siècle représente Bacchus. Amboise possède sa propre appellation contrôlée, pour des rouges souvent de gamay, et des blancs secs de chenin.

Sieur Sausin dans ses œuvres. On peut déguster ses recettes Renaissance à l'auberge du Prieuré au fond du parc.

TUILE D'ÉCREVISSES (SOUPE D'ÉCREVISSES)

Cette recette date du XVIe siècle. Mais les écrevisses existent toujours, et les enfants Saint Bris en pêchaient au fond du parc.

Pour 4 personnes

2 kg d'écrevisses,
25 cl de bon vin blanc,
20 cl d'huile d'olive,
1,5 l d'eau,
20 g de sel,
10 g de gingembre en poudre,
8 g de poivre de Séchouan,
10 g de graines de fenouil,
3 échalotes émincées,
1 cuillerée à café de fond de volaille,
3 tranches de pain grillé écrasé au mortier,
herbes fraîches : 40 g d'aneth haché, 25 g de basilic frais haché,
80 g de poireaux émincés.

Dans une casserole, faites rissoler en huile d'olive bouillante les écrevisses, les échalotes, les épices et le poireau. Lorsqu'ils sont colorés, déglacez avec le vin blanc, mouillez d'eau, ajoutez les herbes. Laissez cuire 10 minutes puis réservez les écrevisses et laissez réduire à petit feu votre bouillon.

Enlevez le tube intestinal des écrevisses en détachant les nageoires du milieu de la queue. Séparez les carapaces de la tête et disposez les têtes dans le bouillon à réduire 15 minutes.

Le pigeonnier à 1000 boulins est le symbole de l'importance foncière du domaine.

Passez au mixeur puis au chinois. Liez la soupe avec le pain réduit en chapelure. Laissez bouillir 2 à 3 minutes. Versez la soupe dans des assiettes creuses et disposez les queues d'écrevisses.

Pasté de faisan à l'estragon

Recette du XVe siècle
Préparation : 1 h 30
Pour 10 personnes
1 faisan,
500 g de porc un peu gras,
25 cl de bon vin blanc,
3 œufs,
20 g de sel,
10 g de poivre noir,
8 g de galanga en poudre,
4 oignons,
1 gousse d'ail,
30 g de pain grillé écrasé au mortier,
herbes fraîches : 35 g d'estragon haché, 25 g de laurier frais.

Couper la tête, le cou, le croupion qui porte les belles plumes de la queue. Les conserver. Plumer le reste du faisan, le désosser puis hacher la viande. Mélanger le hachis de viande de faisan au porc, épices, oignons et ail finement ciselé, estragon, laurier ainsi que la poudre de pain grillé et les œufs battus au préalable. Disposer la préparation dans une terrine. Faire cuire au four et au bain-marie 1 heure à 135°.

Après 12 heures de réfrigérateur, replacer la tête et le croupion, en les fixant à l'aide de petites broches de bois. Isoler les parties cuites des parties crues par des rondelles de papier sulfurisé.

Cet oiseau au plumage chamarré a donné son nom au célèbre banquet offert par Philippe le Bon, en l'an de grâce 1454 lors du festin lillois. Il est orné d'un très riche collier d'or, comme celui du roi d'armes de l'ordre de la Toison d'Or. Accompagné de deux damoiselles il est apporté aux seigneurs pour que ces derniers puissent faire vœux sur sa tête de s'engager pour la croisade.

Des plats de style Palissy, du nom de l'inventeur de cette céramique et de la cuisson des émaux.

HOCHEPOT

Recette du XVIe siècle, quand la dinde était un oiseau exotique rapporté d'Amérique par les Espagnols, et non d'Inde comme on le croyait encore.

Prévoir 2 h 30 de temps

Pour 10 personnes

300 g de porc,
300 g de veau,
300 g de bœuf,
300 g d'agneau,
300 g de dinde,
1 botte de poireaux,
5 panais,

Les murs de brique donnent sa chaleur à cette grande salle Renaissance, pièce de réception de Léonard. Le saint Jean Baptiste rappelle qu'il vint d'Italie avec trois toiles roulées : la Joconde, la sainte Anne et celle-ci, qu'il acheva au Clos-Lucé et qu'on peut admirer au musée du Louvre.

1 petit chou vert,
4 navets,
3 carottes,
1 branche de laurier,
1 branche de thym,
5 feuilles de sauge,
1 branche de romarin,
25 cl de bon vin blanc,
2 l d'eau,
15 cl d'huile d'olive,
20 g de sel,
10 g de poivre noir,
8 g de galanga en poudre,
3 clous de girofle,
10 graines de fenouil,
4 poivres longs,
10 g de muscade en poudre,
5 g de cannelle en poudre,
4 oignons,
1 gousse d'ail.

Dans un chaudron, verser l'huile d'olive et porter à température. Faire rissoler viandes, ail, oignons préalablement coupés en morceaux ; lorsqu'ils sont colorés, verser le vin blanc, les épices, les herbes, laisser réduire 15 minutes et mouiller de 2 l d'eau. Porter la solution à ébullition et disposer les légumes, laisser mijoter 2 heures en prenant soin de venir de temps en temps remuer le chaudron ou « hocher le pot ».

« La soupe est froide », écrit Léonard en marge de ses croquis, quand l'ardeur du dessin le retarde aux repas de sa cuisinière Mathurine.

Pomme cuite au four en robe de pain d'épices, farcie à la rhubarbe

Une recette du XVe siècle

Préparation : 20 minutes
Cuisson : 1 h 20
4 pommes,
500 g de rhubarbe,
6 cuillerées à soupe de sucre,
150 g de pain d'épice,
20 g de miel,
35 cl de vin blanc,
5 g de poivre,
2 œufs, 25 g de beurre.

Eplucher la rhubarbe et la couper en morceaux grossièrement. La faire confire dans une casserole avec le vin blanc, le sucre, le miel et le poivre environ 40 minutes, jusqu'à évaporation du vin et de l'eau en végétation. Réserver. Préchauffer le four à 170°. Hacher finement le pain d'épice. Battre les œufs. Réserver. Laver les pommes puis les couper aux trois quarts de leur hauteur et réserver les chapeaux. Evider la partie basse puis les peler. Badigeonner les pommes d'œufs battus, à l'aide d'un pinceau, les enrober de miettes de pain d'épice, les farcir de rhubarbe confite et remettre les chapeaux en place. Beurrer un plat en terre. Disposer les pommes dans le plat, enfourner et cuire 35 à 40 minutes.

Chenonceau

La présence de Diane

Demeure non point royale, mais de reines, Chenonceau évoque immanquablement la grâce, la sérénité et les plaisirs d'une cour vagabonde. Son image si répandue de château-pont est peu de chose auprès de la joie qu'on éprouve à le parcourir, descendant aux cuisines, remontant à l'étage noble, arpentant la longue galerie, grimpant enfin jusqu'à la chambre saisissante de la reine Louise en deuil éternel.

Chenonceau fut construit par les Bohier, grands financiers, et confisqué par Henri II qui l'offrit à sa favorite la belle Diane de Poitiers. Elle développa son domaine, embellit le château, et en parsema l'intérieur des initiales entrelacées des deux amants. Mais à la mort du roi, Catherine de Médicis la chassa, lui donnant en échange Chaumont où Diane n'alla jamais, se retirant sur sa terre d'Anet. Catherine aussi aima beaucoup Chenonceau : elle fit construite le pont aux deux galeries superposées qui traverse le Cher. Ce fut une période de fêtes et de jardins somptueux. A la mort de Catherine, c'est la reine Louise, veuve d'Henri III, qui hérita du château où elle vécut en grand deuil de reine, en blanc, et dans un décor sépulcral. Chenonceau fut ensuite un peu délaissé, jusqu'à Madame Dupin au XVIIIe siècle qui en fit un salon éclairé : « On s'amusait beaucoup en ce beau lieu, on y faisait bonne chère ; j'y devins gras comme un moine ! » se souvient Jean-Jacques Rousseau.

La galerie échappa à la destruction au XIXe siècle, puis le château fut vendu aux enchères en 1913, et racheté par la famille Menier qui le possède toujours et en a fait l'un des lieux emblématiques du patrimoine français. Les cuisines autrefois vides ont été richement remeublées.

Les recettes de MONSIEUR JOLY, chef au restaurant du château L'Orangerie

Ce beau dessin ancien a rejoint dans les collections du château nombre de plans et représentations pittoresques, parmi lesquelles un ensemble de plans du siècle dernier prévoyant la destruction de la galerie sur le Cher. Fort heureusement, cet outrage à la beauté ne fut pas réalisé. On peut dater ce dessin : après 1559, car le pont est construit ; avant 1576, car la galerie n'est pas encore construite.

POULET AUX ÉCREVISSES

Couper le poulet en quatre, le faire revenir et laisser de côté.

Faire revenir oignon, carottes et écrevisses fraîches, puis mouiller vin blanc et fumet de crustacés. Laisser réduire et passer au chinois.

Mouiller le poulet avec la réduction et laisser mijoter, et ajouter un peu de crème fraîche.

En fin de cuisson, cuire des écrevisses pour la décoration. Dresser le poulet avec les écrevisses.

Le cliché a été pris dans l'entrée du restaurant du château, sur fond de la fable « Le renard et la cigogne » de La Fontaine, où l'on apprend que chacun doit manger dans le couvert qui lui convient.

BROCHET AUX ORTIES

Lever les filets de brochets, en portionner 150 g en dos.

Blanchir les orties, 500 g pour 3 l de sauce, les égoutter et faire revenir au beurre. Mouiller avec le fumet de poisson et laisser cuire.

Faire suer des échalotes, mouiller au vin blanc, laisser réduire. Ajouter la crème fraîche.

Cuire le brochet à la vapeur.

Incorporer la purée d'ortie broyée dans la sauce au vin blanc. Servir bien chaud.

© La truite de Quénécan

HATELETS DE BOUDIN BLANC À LA CHAIR DE CHAPON ET AU BOUDIN NOIR

Noir et blanc sont les couleurs de Diane de Poitiers.

Boudin noir

Coupez en dés 2 kg d'oignons, faites-les blanchir dans l'eau bouillante, pour en enlever le haut goût, égouttez-les et faites-les revenir dans 1 demi-livre de saindoux; qu'ils ne roussissent pas. Coupez en dés 1 kg de panne de cochon bien nettoyée, hachez du persil. Ajoutez la panne et le persil aux oignons, et 250 g de crème, mêlez 2 l de sang de cochon, du sel, du poivre, et des épices à votre humeur. Goûtez pour ajuster l'assaisonnement.

Préparez des boyaux : lavez-les et grattez-les bien et soufflez dedans pour voir s'ils ne prennent pas l'air… Nouez un des bouts, puis, avec un entonnoir, introduisez le mélange préparé. Séparez chaque boudin de la longueur voulue, ici ils sont de petite taille. Vous aurez mis de l'eau à bouillir. Cela fait, déposez les boudins et laissez cuire 45 minutes sans bouillir; il suffit de piquer un boudin pour savoir s'il est cuit : si le sang s'en échappe encore, il faut laisser cuire.

Quand ils sont prêts, sortez-les de l'eau, déposez-les sur un linge et avec un morceau de lard gras, frottez-les pour leur donner un beau lustre.

Boudin blanc

Récupérez des blancs de chapon ou autre volaille rôtie, et autant de tétine de veau ou de panne cuite, que vous hachez. Faites une panade (trempez de la mie de pain dans du lait jusqu'à complète imbibition), salez et faites dessécher cette pâte à feu vif, jusqu'à ce qu'elle se détache du fond de la casserole. Ajoutez cette panade au hachis de viande; il faut la même quantité de toutes choses pour faire une bonne farce : mêlez à cela six jaunes d'œufs délayés avec deux cuillerées de crème. Ciselez des oignons, blanchissez-les dans du lait bouillant, puis

© Hervé Ronné.

Aspic de foie gras, dans la chambre des Cinq Reines.

faites-les rissoler dans du saindoux une fois égouttés. Pendant ce temps, passez au tamis la farce, réunissez-la aux oignons, salez, poivrez et muscadez. Remplissez les boyaux de la même manière que les boudins noirs. Et faites-les cuire dans du lait. Alternez les boudins noirs et blancs sur des hâtelets et faites-les griller à feu doux.

Aspic de foie gras

Découpez dans un foie gras d'oie des palets de 50 g. Coulez un peu de gelée au vin de Vouvray moelleux dans le fond de petits moules adéquats, disposez vos palets de foie gras en forme de dôme, placez une lamelle de truffes sur chacun et recouvrez de gelée. Mettez au frais et attendez que la gelée soit bien prise pour les démouler.

Dos de sandre « Marie Stuart »

Pour 6 personnes, tailler six escalopes de sandre d'environ 150 g.
A part, faire suer légèrement une julienne de courgettes, six tomates émondées et réduites dans l'huile d'olive, saler et poivrer.

Sauce

Faire réduire une échalote hachée dans 20 cl de vin sec, un filet de vinaigre de framboises, incorporer deux cuillerées de crème fraîche et monter avec 350 g de beurre en pommade, saler et ajouter une pointe de poivre de Cayenne.

Présentation

Dans une assiette, dresser le filet de sandre, le recouvrir de la compotée de tomates, napper le tout de sauce, puis y ajouter la julienne de courgettes et parsemer de ciboulette hachée.

Ce grand fourneau installé dans une des piles du pont a servi durant la Première Guerre mondiale, quand Gaston Menier transforma Chenonceau en hôpital. Deux mille soldats blessés y trouvèrent soins et refuge. © Hervé Ronné.

Geline de Touraine forestière « La dame noire »

Prendre une belle « dame noire », la couper en morceaux, saler, poivrer. Faire revenir dans une cocotte, ajouter quatre grosses échalotes, flamber au marc de Touraine, ensuite déglacer avec un blanc sec (chenin) du château de Chenonceau. Couvrir et laisser mijoter doucement pendant une petite heure. A part, faire revenir 150 g de lardons dans de la graisse de canard, ajouter 500 g de pommes grenaille ainsi que 300 g de pleurotes. En fin de cuisson, ajouter la garniture autour de la « dame noire », la laisser mijoter environ 15 minutes et la servir telle quelle en y parsemant ciboulette et cerfeuil hachés.

Bouchées de Diane

On prendra une perdrix pour 4 convives.

Faites revenir doucement au beurre 150 g de fine Mirepoix composée de 100 g de carottes, 80 g d'oignons, queues de persil, fragments de thym et de laurier.

Prélevez la chair des perdrix qui auront été cuites au préalable et réservez-les. Ajoutez à la Mirepoix la peau et les carcasses en morceaux. Mouillez de 30 cl de vinaigre, 20 cl de vin blanc et laissez réduire complètement. Ajoutez alors 1 l de sauce espagnole, 2 l de fond brun de gibier, et 1 l de marinade.

Laissez cuire doucement et à couvert durant 4 heures. Ajoutez quelques grains de poivre. Passez cette sauce au tamis en appuyant. Ajoutez un peu de fond de gibier et de marinade, et laissez-la réduire à nouveau jusqu'à 1 l de liquide. Passez la sauce au fin tamis. Fouettez 20 cl de crème que vous ajoutez à la sauce ainsi que quelques morceaux de truffes (le noir de

© Hervé Ronné.

Diane) et quelques blancs d'œufs durs en dés (le blanc de Diane). Coupez en petits morceaux la chair des perdrix, garnissez-en des bouchées feuilletées, arrosez de la sauce Diane et passez au four.

BEIGNETS DE CULS D'ARTICHAUTS

Il faudra attendre Carême, au XIXe siècle, pour que l'appellation devienne « fonds d'artichauts ».

C'est Catherine de Médicis qui fit venir ces artichauts, comme tant d'autres nouveautés qui marqueront la Renaissance : des légumes (le haricot), des préparations (la frangipane), et aussi, bien sûr, la fourchette, alors à deux dents.

Cuisez huit artichauts, puis passez-les à l'eau froide. Réservez les feuilles pour un autre usage, enlevez le foin. Mettez en attente.

Mettez dans une terrine six cuillerées de farine, deux d'huile, deux œufs entiers, une cuillerée de vinaigre, un demi-verre de bière, sel et poivre. Mettez-y les artichauts et mêlez bien l'ensemble.

Ayez une friture bouillante et jetez-y les culs d'artichauts, qu'ils soient bien saisis. Quand ils sont bien dorés, égouttez-les et dressez-les sur une serviette avec du persil également frit.

A gauche.
Les cuisines de Chenonceau sont placées dans l'une des piles du pont. On y débarquait les victuailles par un petit ponton sur le Cher.
A droite.
La pompe alimentait le château en eau. Le nombre de ces crocs montre bien l'importance des cuisines.

Le pavage d'origine, aux cachets de fleur de lys, couvre depuis 1521 les chambres de l'étage.

VILLANDRY

La passion du beau

Les jardins de Villandry sont une merveille, entretenue avec ardeur par Henri Carvallo, conservateur du château que son aïeul Joachim acheta en 1906 pour lui éviter la destruction. Il fallut alors raser des rajouts peu heureux pour retrouver le plan originel, avant de reconstituer les célèbres jardins.

Villandry fut construit par Jean Le Breton, ministre des Finances de François Ier, sur une vieille forteresse dont subsiste une tour carrée. On sait que le château fut achevé vers 1536, ce qui le situe à la fin de la Renaissance. Plus de références à l'ère féodale, mais des cours ouvertes, des colonnades et des jardins, et une lisibilité des façades qui annonce le classicisme. La même famille conserva le château jusqu'au XVIIIe siècle, puis les Castellane, grande famille provençale, transformèrent les intérieurs et bâtirent les grands communs classiques.

Joachim Carvallo, non content de restaurer Villandry, créa l'association de la Demeure Historique qui regroupe les propriétaires de vieilles demeures. Sa famille poursuit son œuvre. Le livre de souvenirs de sa fille Guitte nous a aidés à retrouver ses recettes de cuisine, où le feu espagnol épouse la douceur tourangelle.

Le repas hispano-mauresque de JOACHIM CARVALLO

Joachim Carvallo était un homme de rigueur. Et de principes qu'il appliquait dans sa croisade pour la défense des monuments, l'éducation de ses enfants, ou la confection de la bonne cuisine. Du livre de souvenirs de sa fille Guitte Carvallo, parmi d'autres recettes de « créations savoureuses, capables de devenir l'encens d'une prière », nous avons tiré cette histoire elle aussi savoureuse. Etant en villégiature en Auvergne, la famille Carvallo rendit visite à un beau château du Moyen Age, dont Joachim Carvallo décida de rallier le propriétaire à la cause de la Demeure Historique. Celui-ci les convia à déjeuner. Bon déjeuner sans doute, mais pas assez au goût de Joachim qui déclara : « Madame, permettez-moi de vous cuisiner moi-même un repas digne de cette architecture. » Et ainsi fit-il (ne laissant guère le choix à ses hôtes). Voici le détail de ce repas mémorable.

Œufs frits
Chapon braisé
Riz à la Valencienne
Plateau de fromages
Corbeille d'abricots

En haut.
Cette gravure montre l'état du château à l'époque du baron Hainguerlot, au XIXe siècle.

ŒUFS FRITS

Faire pocher des œufs dans de l'eau frémissante subtilement vinaigrée ; les réserver sur un linge blanc. Faire dorer des canapés à l'huile d'olive avec un peu de safran et un peu de vanille. Faire chauffer la friture et plonger les œufs pochés jusqu'à ce qu'ils soient bien croustillants. Les dresser sur les canapés entourés de fines tranches de jambon de montagne.

Chapon braisé, riz à la Valencienne

Prendre un beau chapon ou à défaut un beau poulet fermier dodu. Sur toutes ses surfaces, inciser la chair avec la pointe d'un couteau et introduire alternativement des lamelles de piments rouges et des amandes entières émondées. Arroser d'huile d'olive et mettre à four chaud pendant 1 heure.

Pendant ce temps, préparer le riz à la Valencienne.

Faire cuire du riz à l'eau bouillante et salée. Qu'il soit juste bien cuit. Découper des rondelles de tomates bien rouges, de fines lanières de poivrons colorés, des rouleaux d'oignons, et des rondelles fines d'aubergines. Faire cuire les uns après les autres dans de l'huile d'olive. Et réserver au chaud. Que les couleurs des légumes ne disparaissent pas par trop de cuisson. Ils ne seront d'ailleurs jamais meilleurs que croquants, « al dente ».

Quand le chapon est cuit, le découper en morceaux, dresser le riz recouvert des différents légumes et servir avec un hachis d'herbes du jardin, d'olives et de piments, le tout travaillé au mortier avec de l'huile d'olive (ou si on veut avec le jus de cuisson du chapon).

Laissons la conclusion
à Guitte Carvallo

« Nos hôtes ignoraient visiblement tout de la cuisine hispano-mauresque. La composition éblouissante de ce plat se transforma en feu dans les palais et les gorges des convives. Les visages s'empourpraient, mais la conversation allait au ralenti ! »

Le poulet à la Valencienne de Joachim Carvallo présenté dans un service de Montereau.

Le repas de PAQUES

Un menu de fête servi à Villandry le dimanche de Pâques.
On y célèbre les premières asperges des serres « accompagnées d'une sauce mousseuse jaune d'or ». Puis l'agneau pascal dressé sur un plat d'argent. Et des fraises au vin rouge de cabernet.
Et s'il n'y a pas de fraises, le défilé des chocolats de Pâques.

Asperges sauce mousseline

Après avoir bien nettoyé les asperges, disposez-les, pointes vers le haut, dans un panier adéquat pour leur cuisson (à défaut utilisez une grosse boîte de conserve percée de petits trous de part en part); faites-les cuire dans de l'eau frémissante durant une vingtaine de minutes. Déposez-les sur une serviette. Et préparez la sauce mousseline qui est une hollandaise agrémentée de crème fraîche.

Sauce mousseline

Battez sur feu très doux six jaunes d'œufs et une cuillerée à soupe d'eau par jaune, jusqu'à ce que le mélange mousse. Attention que cela ne « boût » pas. Ajoutez alors 300 g de beurre clarifié (c'est-à-dire que le beurre aura été mis à fondre délicatement et que le petit lait se sera déposé au fond).
Toujours délicatement et sans faire bouillir, ajoutez une ou deux cuillerées de crème fraîche au préalable réchauffées et délayées. Tenez cette sauce au bain-marie le temps de dresser sur plat vos asperges bien égouttées.

Agneau pascal à la mosaïque de primeurs du jardin

Prenez un beau gigot d'agneau que vous mettez dans un plat allant au four, recouvrez d'huile et parsemez de noisettes de beurre, poivrez. Quand le four est bien chaud, mettez-le à cuire en comptant 15 minutes par livre. Arrosez-le de temps en temps avec le jus de cuisson.
Quand le temps est écoulé, coupez le feu et laissez le gigot se détendre 10 minutes. Jetez la graisse de cuisson et mouillez avec un bon verre d'eau que vous faites réduire. Servez ce jus en saucière.
Pendant la cuisson du gigot, préparez tous les légumes du potager[1] : épluchez-les, découpez-les de formes égales et faites-les cuire à l'eau. Egouttez-les et disposez-les dans une grande sauteuse avec un bon morceau de beurre, et, à feu doux, faites-les dorer.
Découpez des tranches de gigot, dressez-les entourées de primeurs.

[1]. Ceci s'entend d'un potager normal : dans le potager de Villandry, il faut bien sûr faire un choix parmi les innombrables légumes cultivés!

Fraises au vin rouge

Lavez puis équeutez les fraises, faites chauffer 1 l de bon vin rouge dans lequel vous aurez mis de la cannelle, un clou de girofle et des zestes d'oranges et de citrons blanchis. Plongez vos fraises cinq bonnes minutes, retirez-les, mettez dans un compotier. Faites bouillir le vin, qu'il réduise un peu, filtrez-le et versez sur les fraises, mettez au frais. Servez avec des feuilles de menthe.
On utilise un bon vin de cabernet-franc, chinon ou bourgueil.

Parmi les collections très variées de Villandry, cette aiguière du XVIIIe siècle en bronze et cuivre, qui vient du nord de l'Inde.

VELOUTÉ DE POTIRON

Eplucher le potiron, enlever les graines et les filaments. Couper en petits dés, et les mettre à cuire recouverts de lait. Dans une sauteuse, faire revenir un oignon émincé, un blanc de poireau en fines lamelles, sans coloration. Ajouter le potiron cuit et le lait de cuisson. Mélanger au mixer ou passer le tout au moulin aux légumes. Ajouter encore un peu de lait et de la crème fraîche. Saler et poivrer. Si c'est trop épais, ajouter encore du lait ou de la crème. Décorer avec du cerfeuil.

On redécouvre le potiron, ornement des jardins et fournisseur de soupes douces où le sucré se mélange au poivré. Mais il est depuis toujours cultivé dans le potager de Villandry. On le sert ici dans la soupière de Rochecotte, dont l'histoire mérite d'être contée : alors demeure des Castellane, ce château où Talleyrand avait souvent séjourné « était le château de l'élégance et du goût ». Lors d'un dîner, Mme Carvallo admira une soupière Louis XV en faïence de Lunéville, décorée en relief de légumes de saison. Le lendemain matin, un chauffeur venu de Rochecotte lui apporta en présent la belle soupière accompagnée d'une carte de la marquise de Castellane, avec ces mots : « Vous m'avez aimée, je vous ai aimée. »
Après avoir présidé toutes les fêtes de famille de Villandry, puis séjourné à l'Escurial, la soupière de Rochecotte est revenue nous présenter le velouté de potiron du premier potager de France.

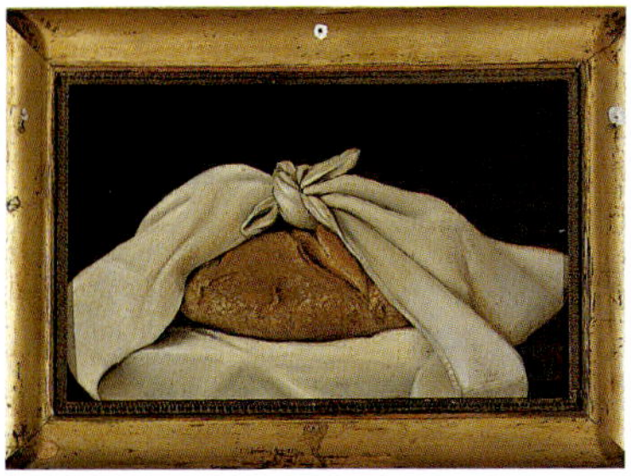

« Le pain de campagne », petite toile de l'école de Zurbaran.

La salle à manger de Villandry.

DEUX RECETTES DE FROMAGE DE LA GIRAUDIÈRE

Recettes d'une ferme voisine.

La Touraine produit de nombreuses variétés de fromages de chèvre, que l'on accompagne de ses vins blancs de sauvignon. La première est simple et délectable. Il faut enrouler un crottin de chèvre d'une très fine tranche de lard fumé. Laisser au frais durant 3 jours, puis badigeonner d'huile d'olive et le passer au four.

Gâteau au fromage

Prenez une quantité suffisante de farine pour faire un gâteau ordinaire. Mettez votre farine dans un tour. Faites un trou au milieu, mettez-y une quantité de beurre égale aux trois quarts du poids de la farine, et assez d'eau pour faire une pâte convenable. Ajoutez-y du sel, pétrissez ferme. Etendez avec le rouleau et mettez sur votre abaisse une couche de fromage mou non écrémé. Pliez en quatre, étendez et pliez ainsi plusieurs fois. Donnez à votre gâteau la forme convenable, dorez et faites cuire.

LANGEAIS

Des hermines et des lys

Il ne reste que quelques pans de murs du donjon édifié vers l'an mil par Foulques Nerra, célèbre guerrier angevin. C'est face à lui que Louis XI fit construire le château actuel au XVe siècle. Et c'est dans ce château que fut conclu le mariage de Charles VIII et de la duchesse Anne de Bretagne, le premier pas vers l'annexion de la Bretagne par la France. La suite de l'histoire fut moins illustre, et c'est un château en bien mauvais état que rachète le banquier Jacques Siegfried en 1886. Ce médiévaliste passionné accumula une collection de meubles et de tapisseries sans équivalent, qui font aujourd'hui la renommée du château, avant de le donner en 1904 à l'Institut de France qui l'a ouvert aux visites. On lui doit le mobilier gothique, mais aussi les dallages chatoyants qui recréent l'atmosphère d'une époque où chaque meuble n'était que de passage, au gré des déplacements des rois et des puissants. Langeais est un instantané de la fin du Moyen Age. Il nous fallait une cuisine qui en soit digne : les recettes ont été préparées par Sieur Sausin, consultant en cuisine historique, qui « sert les rois et le bon peuple ».

Ci-contre.
La « salle du banquet » et sa grande table garnie à l'ancienne : poires confites au vin, tourte aux herbes, vin d'Hypocras, biscuits beurre et cannelle de Taillevent aux couleurs du roi Charles V, épices, poivres et fenouil, et par-dessus le tout l'épée forgée de Sieur Sausin. La grande cheminée est surmontée d'un petit chemin de ronde où des figurants montent la garde aux créneaux.

Ci-dessus.
Ce fermoir en forme de dragon porte aussi une coquille de pèlerin, qu'on retrouve mêlée aux hermines sur les carreaux des sols.

Vin d'Hypocras

Recette du XIVe siècle
Pour 75 cl de bon vin claret
(blanc ou rouge) :
11 g de cannelle en poudre,
4 g de gingembre en poudre,
2 clous de girofle,
2 g de cardamome,
30 g de sucre blanc.

Dans un pot ou récipient, mélanger les épices, le sucre et le bon vin. Après trois nuitées de macération, filtrer la solution à l'aide d'un tamis et la disposer dans une bouteille bouchée pour une bonne conservation. Laisser reposer dans un endroit frais à l'abri de la lumière.

Tourte verte ou dariole du courtil (potager)

Recette du XIVe siècle
Préparation : 35 minutes
Pour 6 personnes
Pour la pâte :
125 g de farine,
60 g de beurre,
1 œuf,
3 cuillerées à soupe d'eau,
1 cuillerée à café de sel,
1 cuillerée à café de sucre.
Pour la crème aux herbes fraîches :
50 cl de lait,
15 cl de bon vin blanc de Touraine,
4 œufs entiers
plus 2 jaunes d'œufs,
10 g de muscade moulue,
6 g de gingembre moulu,
4 g de sel.
Les herbes fraîches : ciboulette, estragon, menthe, basilic, poireaux, thym frais, persil.

Faire une pâte comme une pâte brisée, en la pétrissant doucement, puis l'étaler à 2 ou 3 mm d'épaisseur. La découper à la mesure de votre moule. Mettre au four préchauffé à 200° pendant 10 minutes. Battre ensemble le lait, les œufs, le vin blanc, les épices et toutes les herbes fraîches finement ciselées. Verser l'appareil dans le moule garni de pâte cuite à blanc. Remettre au four à 200° pendant 15 minutes. Servir tiède.

« A la fin du XIVe siècle les darioles figurent dans 14 des 27 banquets du Mesnagier de Paris sous formes de préparations toujours différentes. Mais la recette encore pratiquée est issue du Viandier de Taillevent, grand maître queux des rois Charles V, VI, et VII. »

La faïence de Langeais est une rareté, issue d'un atelier créé en 1839 par Charles de Boissimon et disparu après la Première Guerre mondiale. Souvent d'un blanc crémeux, ces pièces sont parfois d'un bleu intense comme ce service qui mêle les hermines et les fleurs de lys.

Hure de sanglier d'Orée

Recette du XIVe siècle
Préparation : 2 h 30
Pour 6 personnes
1 tête de sanglier,
5 l d'eau,
5 l de bon vin blanc,
50 cl d'huile d'olive,
50 g de sel,
20 g de poivre noir,
10 g de muscade moulue,
6 g de cardamome noire,
10 g de graines de fenouil,
10 g de graines de paradis,
5 g de safran,
60 g de farine,
3 oignons,
2 gousses d'ail,
herbes fraîches (thym, persil, laurier, poireau).

Bien nettoyer et raser la tête de sanglier; flamber les dernières soies. Dans un chaudron verser l'huile d'olive et porter la température. Faire rissoler ail, oignon, poireau; lorsqu'ils sont bien colorés, verser le vin blanc, les épices, les herbes et mouiller de 5 l d'eau. Porter la solution à ébullition et disposer la tête, laisser mijoter 1 heure et demie. Retirer la tête du chaudron et l'égoutter. Embrocher la tête pour la faire rôtir jusqu'à ce que la peau se raffermisse.

Sur les sablières de la grande salle, courent les hermines et la devise de la duchesse Anne : Potius mori quam foedari *(Plutôt la mort que la souillure).*

Préparer un glaçage doré : avec les jaunes d'œufs battus, le safran et 30 g de farine.
Préparer un glaçage vert : avec les blancs d'œufs, le persil broyé et 30 g de farine.
Enduire la moitié de la tête de sanglier de glaçage doré et tenir la tête à proximité du feu pour faire sécher. Puis exposer l'autre moitié enduit de glaçage vert. Remettre de l'une ou l'autre glaçure et refaire sécher à plusieurs reprises pour qu'elles soient solides et de franches couleurs. Une recette spectaculaire qu'aucun cuisinier ne s'était encore risqué à nous préparer!

Chaudumée de poisson

Recette du XVe siècle
Préparation : 1 h 30
Pour 6 personnes
1 brochet de 1 kg,
50 cl de bon vin blanc,
2 l d'eau,
20 g de sel,
10 g de gingembre en poudre,
8 g de poivre de Séchuan,
3 échalotes émincées,
3 tranches de pain grillé écrasé en mortier,
herbes fraîches : 40 g d'aneth haché, 25 g de basilic frais haché,
80 g de poireau.

Langeais est resté inachevé, et n'a pas été remanié. C'est un témoignage vivant de la fin du Moyen Age.

Une scène de chasse, de fin de chasse plutôt, sur une tapisserie du XVe siècle.

Vider le brochet, le couper ensuite en darnes de 4 cm d'épaisseur et les faire griller. Pendant ce temps dans un chaudron, faire rissoler dans l'huile d'olive bouillante la tête du brochet, les échalotes et le poireau. Lorsqu'ils sont colorés, déglacer avec le vin blanc, mouiller d'eau, ajouter les herbes, les épices et le pain grillé en poudre. Faire réduire puis pocher les darnes grillées dans le bouillon 2 à 3 minutes. Passer votre bouillon au tamis, verser la crème fraîche et laisser réduire 20 minutes à feu doux. Le nom de cette préparation veut dire « être chaud », dérivé de « calere ». La chaudumée est une sorte de matelote, une étuvée de poisson préparée au vin. Le principe de la chaudumée est que le poisson est préalablement grillé.

POIRE CONFITE AU BON VIN DE CHINON

Recette du XVe siècle
Préparation : 1 h 30
Pour 6 personnes
6 poires,
1 l de bon vin de Chinon,
10 g de gingembre en poudre,
15 g de cannelle,
3 clous de girofle,
50 g de sucre,
3 cuillerées à soupe de miel,
les zestes d'un citron.

Peler les poires en les laissant entières et en conservant la queue. Les épépiner par le dessous. Dans une casserole, verser le vin; le porter à ébullition puis ajouter les zestes, les épices, le sucre et le miel. Laisser réduire 5 minutes, et pocher les poires 20 minutes. Egoutter les poires, puis les réserver au réfrigérateur. Laisser réduire le vin à feu doux 20 minutes.

Abel, Melchisédech et la Pâques juive, une des tapisseries d'une suite consacrée au mystère de l'Eucharistie, dont cet épisode est une préfiguration ancienne.

Le peuple disrael chausse et ceint

Ussé

Au château de la Belle au Bois dormant

La chambre du roi au château d'Ussé, construite pour accueillir Louis XIV, qui n'y vint pas, a cependant reçu le roi des rois Haïlé Sélassié, empereur d'Ethiopie. Dans un environnement royal s'il en est. Le château d'Ussé fut souvent remanié, mais la pierre blanche de tuffeau lui garde son unité. On a la trace d'un seigneur d'Ussé vers l'an mil, un Danois nommé Gueldin Ier. Mais la construction du château est attribuée à Jean de Bueil, qui le vendit en 1485 à Jacques d'Espinay, de noblesse bretonne. Cette famille le conserva jusqu'en 1557, augmentant les constructions : Ussé se présentait alors sous la forme d'un quadrilatère fermé surmonté d'un gros donjon. Puis le corps de logis nord fut abattu afin de dégager la vue vers les terrasses. Le château fut acheté en 1807 par le duc de Duras ; il s'est depuis transmis par voie de succession jusqu'aux Blacas qui l'habitent aujourd'hui. Une vieille famille provençale qui porte une comète sur son blason, en revendication de la filiation jusqu'à l'un des Rois mages.

Ci-dessus.
Les armes des Blacas : « d'argent à la comète à seize rais de gueule ». Vieille famille provençale que Nostradamus situe en Aragon, les Blacas portent une comète sur leurs armes, en référence à l'un des Rois mages, leur aïeul selon la tradition familiale. On connaît des Blacas alliés aux comtes souverains de Toulon au XIIe siècle, et un célèbre poète troubadour au XIIIe siècle. Le premier duc de Blacas offrit, en vain, sa liberté contre celle du roi à la Révolution. La famille porte depuis 1821 un titre de duc et pair.
Ci-contre.
La salle à manger privée du château.

Velouté de champignons d'Ussé

Nettoyez 400 g de champignons de couches, émincez-les dans le sens de la longueur. Faites fondre 30 g de beurre, faites rissoler les champignons. Ajoutez 30 g de farine, remuez. Versez 40 cl de lait chaud et 40 cl de bouillon de poule. Mélangez et laissez cuire 20 minutes. Mixez, salez, poivrez, et ajoutez un peu de crème fraîche avant de servir.

En haut, à droite.
Détail des « Noces de Canaa », copie d'un tableau de Véronèse visible au Louvre.

Canard aux olives

Casimir de Blacas est grand chasseur, et la cuisine d'Ussé fait la part belle aux gibiers.

Après avoir plumé et vidé votre colvert ou autre sarcelle, plongez-le dans un bouillon bouillant (un bouillon de pot-au-feu par exemple). Laissez-le cuire 20 minutes à feu réduit. Sortez-le et égouttez-le. Séchez-le. Dans une cocotte ovale, mettez de la graisse à fondre (d'oie, ou huile d'olive). Quand c'est bien chaud, placez votre bête et faites-la dorer sur toutes ses faces. Baissez le feu, et laissez cuire à couvert 30 minutes (pour

le colvert – réajustez le temps de cuisson pour des canards plus petits). Pendant ce temps, dénoyautez des olives vertes et noires et mettez-les à macérer dans du bouillon. Dix minutes avant de servir, égouttez-les et faites-les rejoindre le canard.
Cette double cuisson du canard permet de lui conserver tout son moelleux.

Soufflé à la vanille de Jacqueline

Faites chauffer 40 cl de lait avec une gousse de vanille fendue et 100 g de sucre.
Faites un roux avec 100 g de beurre et 50 g de farine, ajoutez cinq jaunes d'œufs hors du feu. Mélangez bien. Laissez en attente. Montez les cinq blancs en neige ferme avec une pincée de sel. Incorporez les blancs à l'appareil en attente et enfournez à four chaud. Compter une vingtaine de minutes, quand le soufflé est bien levé, servez sans attendre car « on attend un soufflé mais un soufflé n'attend pas ».

Vu des terrasses qu'il surplombe, le château d'Ussé apparaît comme un ensemble composite hérissé de tourelles. On comprend qu'il ait inspiré Perrault, qui séjournait souvent tout près, et pourquoi on l'a nommé « le château de la Belle au Bois dormant ».

Gigue de chevreuil sauce Jacqueline

Préparez la veille la marinade de la gigue : du bon vin rouge corsé avec plein d'épices, du thym, du laurier, du poivre mignonnette. Retournez de temps en temps la gigue pour qu'elle s'en imprègne bien.

Préchauffez votre four. Bardez votre gigue de fines bardes de lard (ou faites comme Jacqueline qui, ayant cuit la veille un rosbif, a réservé sa barde de lard qui servira pour la gigue); ajoutez du beurre et du jus de viande. Laissez 1 heure et demie. Préparez la sauce en faisant un roux. Passez au tamis la marinade et versez sur le roux. Mélangez bien et, comme Jacqueline, ajoutez le jus du rosbif de la veille. Laissez cuire à petit feu. Quand la gigue est cuite, laissez-la se détendre à la porte du four 10 minutes, enlevez la barde de lard; découpez en tranches et nappez de la sauce.

Jacqueline accompagne ce plat d'une purée de céleri et d'airelles.

La colline sur laquelle s'appuie le château d'Ussé est creusée de caves profondes, qu'un souterrain joindrait à Saint-Benoît-la-Forêt, éloigné de 4 kilomètres. On sait qu'en 1560 René d'Espinay plantait sur cette colline du pineau de la Loire, que l'on connaît aujourd'hui sous le nom de chenin. De cette vigne du plateau, une cheminée creusée dans le tuffeau permet de verser directement la vendange dans le pressoir. Les caves de Casimir de Blacas renferment de vieilles bouteilles que l'âge n'a pas marquées : chenin moelleux ou secs, vins pourpres de Chinon, et même quelques vieux grolleaux, réussites d'un cépage trop méprisé.

Dans l'ancienne chapelle transformée en salon Louis XIV, un festin d'un sultan, d'un artiste anonyme. Mais les grandes pièces de viande qui rôtissent sur le feu sont de tous les âges.

Biscuits à la cuillère

Blanchissez 250 g de sucre en poudre avec huit jaunes d'œufs dans un saladier, jusqu'au ruban. Ajoutez une essence qui vous conviendra (citron, fleur d'oranger, vanille...). Ajoutez 200 g de farine tamisée et bien sèche. Battez les huit blancs en neige très ferme, et incorporez-les à l'appareil. Mettez la préparation dans une poche à douille lisse qui permet de laisser passer ce qu'il faut pour faire un biscuit. Couchez-les sur un papier sulfurisé d'une longueur de 10 cm et saupoudrez de sucre fin (pensez à éliminer l'excédent de sucre). Quand le sucre sera fondu, enfournez les biscuits à four très doux et ouvert, et ne le fermez qu'au bout de quelques minutes. Lorsque les biscuits seront de belle couleur (au bout de 20 minutes environ), défournez-les, détachez-les du papier et tenez-les dans un endroit sec.

Poires tapées de Rivarennes

A quelques pas de Rigny-Ussé, le village de Rivarennes est célèbre pour ses poires tapées, préparées dans les maisons troglodytes de tuffeau ; les poires sont épluchées entières, puis déshydratées 4 jours dans un four à pain, perdant 70% de leur volume. On les « tape » ensuite avec un aplatissoir pour en vider l'air, et elles se conservent alors sèches, ou en bocaux. Il suffit pour les employer de les « regonfler », avant cuisson, avec du vin de Chinon de préférence. Vous pouvez en accompagner des viandes en sauce, des gibiers.

Café gourmand dans la chambre du roi.

Gizeux

Cadeau de mariage

Gizeux est une longue entreprise menée depuis deux siècles par la même famille. Auparavant, existait un château qu'on date du XIe siècle. C'est au XIVe siècle que la famille du Bellay commença le château actuel, augmenté à la Renaissance. L'une de leurs épouses, Marie, princesse d'Yvetot, fit décorer les intérieurs par des artistes italiens. Plus tard, la comtesse de la Roche Milay, nouvelle propriétaire, installa dans la Grande Galerie une école de peinture, à qui l'on doit des représentations fidèles des châteaux royaux, Versailles, Chambord, ou Vincennes, et aussi quelques scènes de chasse que nous reproduisons. Ce trésor fragile est en cours de restauration. C'est en 1786 que Gizeux est entré dans la famille de Contades, comme cadeau de mariage, passant de justesse l'épreuve de la Révolution, et y est toujours aujourd'hui, passé au nom de la famille de Laffon. Une belle demeure où la chasse est très présente. Une demeure qu'il faut sans cesse entretenir, aussi et ce n'est pas facile : sur la recommandation de Joachim Carvallo, de Villandry, « on a tracé un cercle autour du château et classé tout ce qu'il y a avait dedans! » et chaque intervention doit respecter ce statut, que ce soit l'électricité ou l'entretien des 2 hectares de toitures.

Ci-dessus.
D'or à l'aigle d'azur, becquée et membrée de gueules, le blason de la famille de Contades.
Ci-contre.
Cette salle de chasse est devenue la salle à manger familiale. Elle est garnie de nombreux trophées du Rallye Gizeux ou d'équipages amis.

« L'amour fait passer le temps et le temps fait passer l'amour. » Une maxime sur l'un de ces moutardiers en grès.

Crème de carottes

1,5 kg de carottes,
1 bouquet de menthe,
2 briques de crème liquide,
sel, poivre.

Peler et couper les carottes en tronçons. Les cuire 30 minutes dans l'eau bouillante salée. Laver et égoutter la menthe, l'effeuiller. Mettre les carottes dans un bol mixer, verser la crème, poivrer, réduire en fine purée. Ajouter les feuilles de menthe ciselées. Servir glacé.

Tarte aux courgettes et au fromage de chèvre frais

Prendre
1 pâte à tarte feuilletée,
3 ou 4 petites courgettes,
huile d'olive,
4 œufs,
20 cl de crème fraîche,
20 cl de lait,
1 chèvre frais
de Sainte-Maure de Touraine.

Eplucher les courgettes en laissant la peau une fois sur deux. Les couper en bâtonnets de 4 cm de long environ. Quelques heures à l'avance, les faire cuire à feu doux dans une poêle avec un peu d'huile d'olive. Ne pas trop les faire cuire, elles doivent rester croquantes et surtout ne pas s'écraser. Etaler la pâte feuilletée, quand les courgettes sont bien refroidies, les disposer joliment en étoile sur le fond de tarte. Dans une assiette, écraser grossièrement à la fourchette le fromage de chèvre. Dans un saladier, battre les œufs, ajouter la crème fraîche, le lait, sel, poivre puis le fromage de chèvre écrasé. Verser la préparation sur les courgettes, enfourner 30 minutes à 200°. Servir accompagné d'une salade verte.

Chaussons au chèvre de Gizeux

2 pâtes feuilletées,
des tomates séchées conservées dans l'huile,
1 chèvre frais
de Sainte-Maure de Touraine.
Tapenade : 350 g d'olives noires dénoyautées, 2 ou 3 gousses d'ail, 3 cuillerées à soupe de câpres, 70 g d'anchois, 3 cuillerées à soupe d'huile d'olive,quelques brins de thym. Tout mixer ensemble.

Couper chaque pâte feuilletée en quatre. Tartiner de tapenade. Poser une rondelle épaisse de chèvre et quelques tomates séchées. Fermer le chausson et le dorer au jaune d'œuf. Faire cuire au four à 200° 20 à 30 minutes. Servir sur un lit de salade ou de mâche.

La cuisine du château de Gizeux.
Le XXe siècle y a rajouté un téléphone
aujourd'hui obsolète.

Encore des cœurs entrelacés sur cette bassinoire, cadeau de mariage. Mais il s'y mêle des fleurs et des étoiles, pour la fertilité et le bonheur, et aussi quelques larmes...

Filet de sanglier aux coings du jardin

1 kg de coings,
1 filet de sanglier,
sel, poivre.

Prendre les coings, bien les essuyer et les couper en quatre. Les faire bouillir 1 heure dans 1 l d'eau. Les piquer avec un couteau pour voir s'ils sont cuits. Faire s'égoutter les fruits une nuit et les réserver.

Deux boutons de l'histoire du Rallye Gizeux évoquant ses deux gibiers : le renard et le chevreuil.

Avec le jus, faire de la gelée de coings : dans une casserole, mettre le jus de coing, y ajouter le même poids de sucre et un jus de citron. Porter à ébullition 15 minutes en écumant. Mettre en pots immédiatement.

Prendre le filet de sanglier, le recouvrir de gelée. Le faire cuire au four 2 h 30 à 150°, le retourner régulièrement et l'arroser si nécessaire. Une demi-heure avant la fin de la cuisson, entourer la viande avec les fruits cuits la veille, saler et poivrer.

Magrets de canard aux poires tapées

1 magret de canard,
4 poires tapées
ou à défaut 4 poires un peu dures,
12,5 cl de Coteaux du Layon,
1 cuillerée à café
de gingembre en poudre,
sel, poivre.

Faire bouillir le vin avec le gingembre, y ajouter les poires tapées et laisser bouillonner pendant 1 heure pour les réhydrater.
Avec les poires fraîches, les éplucher et les plonger dans le vin au gingembre frémissant pendant 20 minutes.
Avec un couteau, entailler la peau du magret en biais. Le faire cuire à la poêle, d'abord côté peau puis côté chair pendant 12 minutes environ. Réserver, jeter la graisse puis mettre dans la poêle le vin de cuisson et le faire réduire. Pendant

A gauche et à droite.
Deux exemples des fresques de la Grande Galerie, parfois naïves mais d'une grande fraîcheur.

ce temps, couper le magret de canard, l'entourer des poires et napper de la sauce. Servir tout de suite car le canard refroidit vite.

CARBONADE

Servie à la fin de la chasse.

1,5 kg de paleron,
jarret,
collier de bœuf,
huile,
1 kg d'oignons,
vinaigre,
cassonade,
bouquet garni,
1 l de bière,
tranches de pain de campagne,
moutarde.

Dans une cocotte, faire saisir les morceaux de viande puis les retirer. Mettre les oignons épluchés et émincés dans la cocotte à feu fort; ajouter le vinaigre et saupoudrer de cassonade. Faire compoter à feu doux en remuant souvent, ajouter un peu d'eau si besoin. Retirer les oignons. Remettre dans la cocotte la viande et les oignons en faisant des couches alternées. Sur le dessus, mettre des tranches de pain de campagne tartinées de moutarde. Recouvrir de bière. Mettre le couvercle et faire cuire assez longtemps. Servir avec des frites et de la bière!

Ile flottante

10 œufs,
350 g de sucre en poudre,
1 gousse de vanille,
1 l de lait,
10 carrés de sucre en morceaux.

Séparer les jaunes des blancs. Battre au fouet pour blanchir les jaunes avec 200 g de sucre en poudre. Mettre le lait à chauffer avec la gousse de vanille. Quand le lait est chaud, ajouter sur les jaunes d'œufs blanchis hors du feu. Remettre sur le feu et tourner sans cesse jusqu'à ce que la crème anglaise épaississe. Laisser refroidir. Monter les blancs en neige avec 150 g de sucre.

Faire un caramel avec les sucres en morceaux et de l'eau. Dans un saladier, ajouter le caramel bouillant aux blancs et mélanger délicatement. Mettre au réfrigérateur. Pour servir, mettre un lit de crème anglaise avec une grande cuillère dans les coupes de champagne, faire une petite île de blanc en neige. Il y a toujours un peu de caramel qui se dépose au fond du saladier, en prélever et napper l'ensemble.

Gizeux se déploie sans fin contre sa forêt : à droite le vieux château. Puis la grande galerie qui le relie au château actuel. Derrière, la chapelle. Puis la cuisine et les pièces de service. Enfin, les longues écuries.

CHARLOTTE AUX FRAMBOISES

1 livre de framboises,
1 pot de crème de 20 cl,
sucre en poudre,
36 à 40 biscuits à la cuillère,
crème de cassis,
du coulis de framboise,
un moule à charlotte.

Sucrer les framboises. Sucrer la crème fraîche et la fouetter. Dans un bol, verser de la crème de cassis avec un peu d'eau, humecter les biscuits et en tapisser le tour et le fond du moule. Puis mettre une couche de framboises, une couche de crème fouettée, une couche de biscuits et recommencer, finir par des biscuits. Mettre au réfrigérateur 24 heures. Démouler et napper d'un coulis de framboises ou décorer avec des framboises fraîches.

TRUFFES AU CHOCOLAT

600 g de chocolat fin à croquer,
250 g de beurre,
2 jaunes d'œufs,
un peu de kirsch, rhum ou whisky,
du cacao en poudre amer.

Faire fondre à feu doux le chocolat et le beurre. Hors du feu, ajouter les jaunes d'œufs et un peu d'alcool pour parfumer. Bien mélanger et mettre au réfrigérateur pendant 2 heures. Faire des petites truffes avec une petite cuillère, les enrober de chocolat amer, remettre au frais et servir bien frais. Se mangent à toute heure, sans faim, par pure gourmandise !

L'amour en gaufres, rendu possible grâce à ce moule en forme de cœur.

Et avec le café…

LE LUDE

Le rêve d'un cuisinier

Le potager du Lude est la fierté de Barbara de Nicolaÿ. Décoratif autant qu'utile, il fournit en abondance toutes sortes de fruits et légumes, des cardons et d'innombrables variétés de potirons, courges et citrouilles qui achèvent de mûrir dans la grande cuisine du sous-sol. Une vraie cuisine de château, où l'on imagine l'activité de la brigade autour du grand piano à tirage inversé. Dans cette cuisine et dans la belle salle à manger, le comte et la comtesse Louis-Jean de Nicolaÿ nous ont ouvert les carnets de cuisine de la famille.
Bâti au nord du fleuve, le Lude n'en est pas moins un château de la Loire par sa construction : au départ une forteresse à six tours défendue par des douves sèches. Puis, sous l'impulsion de Jehan de Daillon et ses descendants, l'ouverture à la symbolique de la Renaissance : les grandes fenêtres signifient que l'on ne craint plus les attaques. Différents propriétaires se sont succédé jusqu'aux Talhouët et aujourd'hui Nicolaÿ, chaque génération apportant sa pierre à sa conservation. Et cette maison dont la cour semble un hôtel parisien, une façade un morceau de Touraine, et l'autre un château classique, a fort bien digéré tous ces apports. Belle preuve d'appétit !

Ci-contre.
La grande salle à manger est décorée de tapisseries des Flandres du XVIIe siècle, retrouvées sous des parquets où elles avaient été dissimulées pendant la Révolution. La cheminée est inspirée de celle du château de Blois, et l'on y retrouve les emblèmes de François Ier et de Claude de France.

Ci-dessus.
« Cet article se présentait sous la forme d'un bol en verre dépoli, dans lequel était placé un gobelet de même nature, contenant de l'eau mêlée de menthe. » Christian de Nicolaÿ parle dans ses Mémoires de ces curieuses corolles, objets d'hygiène que l'art a transformés en beaux objets, et qui ne sont autres que des rince-bouche. Ceux-ci sont aux armes des Bourbons.

Les recettes du Lude

Nous avons emprunté, pour accompagner ces recettes, quelques lignes des souvenirs rassemblés sous le titre « Aux jours d'autrefois » par Christian de Nicolaÿ, oncle du comte Louis-Jean.

Le menu du potager

Cardons à la moelle

Perche du Loir meunière

Meringue aux fruits rouges

Cardons à la moelle

Choisir des cardons dont les tiges sont bien blanches. Pelez les tiges et frottez-les au fur et à mesure avec du citron pour empêcher l'oxydation. Coupez en tronçons de 10 centimètres environ. Faites cuire dans une casserole d'eau salée, à petits bouillons, avec quelques tranches de citron pour que les cardons restent blancs. Surveillez la cuisson, qui peut durer 10 minutes ou 1 heure et demie, suivant le degré de maturité des cardons! Celle-ci dépend du soleil qu'ils auront eu en été et du gel de l'arrière-saison.

On dit en effet que les cardons ne sont tendres qu'après les premières gelées. Pour être à point, il faut qu'ils soient tendres et croquants. Préparez un roux que vous relèverez avec du concentré de viande (ou d'une demi-glace comme on l'appelait autrefois). Faites griller à la poêle des croûtons avec un peu de beurre. Hachez finement le jambon et les œufs durs.

« Le déjeuner de Noël se déroulait, se prolongeait, en raison de l'abondance des mets dont la liste était inscrite sur un menu encadré d'argent que l'on se passait à la ronde. »

« Si grande était l'empreinte de ma grand-mère (Marguerite de Talbouët-Roy) sur ses cuisiniers successifs, Théophile, ou Laliot, ou Maret, que la chère présentait toujours les mêmes caractéristiques, comme si la même main avait présidé, au long des années, à sa préparation. »

Faites cuire les os à moelle dans l'eau bouillante. Retirez la moelle de la casserole au dernier moment et disposez sur les croûtons.
Mélangez les cardons avec le roux, disposez-les dans un plat et décorez avec les croûtons garnis de jambon haché, d'œufs durs et de moelle. Servez aussitôt.

PERCHE DU LOIR MEUNIÈRE

Pour préparer les perches à la meunière, il ne faut ni des grosses ni des petites que l'on accommode d'une tout autre façon. Prenez donc une perche moyenne, coupez les nageoires, écaillez-la et rincez-la. Après l'avoir séchée, roulez-la dans de la farine ; tapotez en la suspendant par la queue de façon à ce que la couche de farine ne fasse pas de grumeaux. Mettez à fondre un peu d'huile et une noix de beurre et quand le tout est bien chaud, disposez la perche toujours à feu vif dans la poêle et ce, durant 5 minutes. Baissez le feu et retournez la perche sur l'autre face. Laissez cuire 10 minutes pendant lesquelles vous préparez les citrons : lavez-les et essuyez-les, avec un canneleur prélevez les zestes de façon régulière de haut en bas du citron, et en vis-à-vis. Faites huit sillons équilibrés. Puis coupez de fines rondelles et réservez-les. Pressez un citron et gardez le jus. Quand la perche est cuite, salez et poivrez. Placez-la sur un plat d'argent. Jetez la graisse de cuisson et remplacez-la par une bonne noix de beurre que vous faites fondre jusqu'à la couleur noisette, et ajoutez le jus de citron. Versez le tout sur la perche, décorez de fines lamelles de citrons cannelés et de brins de persil frisé. On accompagne la perche ainsi traitée de pommes vapeur.

« Les poissons venaient avec la marée, ou bien étaient pêchés directement dans la rivière. Les perches du Loir étaient réputées. »

MERINGUE AUX FRUITS ROUGES

4 blancs d'œufs,
150 g de sucre en poudre,
essence de vanille,
fruits de saison : framboises, fraises, groseilles…,
25 cl de crème fraîche.

Battez les blancs d'œufs en neige au fouet électrique pendant 15 minutes, en ajoutant le sucre en trois fois, toutes les 5 minutes environ. Versez une cuillerée à café d'essence de vanille, et continuez à battre le plus longtemps possible, jusqu'à obtenir une neige très ferme.
Beurrez une feuille de papier sulfurisé et mettez-la dans un moule à tarte circulaire. A l'aide d'une spatule, étalez les blancs d'œufs dans le moule sur une épaisseur de 2 centimètres environ. Faites cuire au four très doux (60-80°) pendant quelques heures. Vérifiez de temps en temps le degré de cuisson et retirez la meringue lorsque la croûte est dure et non cassante. De toute façon, vous pouvez laisser la meringue dans le four éteint, jusqu'à ce qu'il soit complètement refroidi. Recouvrez la meringue d'une couche de crème fouettée légèrement sucrée et disposez au-dessus les fruits rouges à volonté.

Le pain de courgettes et quelques produits du potager.

Pain de courgettes

Coupez trois courgettes jaunes (pour la tenue de la texture) et trois courgettes vertes (pour la couleur) sans les peler. Après les avoir fait rissoler dans une casserole avec quelques cuillerées d'huile d'olive, ajoutez un fond d'eau et faites-les cuire à feu modéré. Laissez bien réduire. Lorsque toute l'eau sera évaporée, retirez les courgettes du feu et passez-les au mixer, de manière à obtenir une purée. Battez quatre œufs avec un verre de crème fraîche et un bouquet de basilic (ou d'estragon), et ajoutez ce mélange aux courgettes hachées. Salez, poivrez. Si la purée est trop liquide, on peut ajouter quelques feuilles de gélatine fondue dans l'eau. Beurrez un moule en couronne ou rectangulaire, versez-y la préparation et faites cuire au four au bain-marie pendant 45 minutes à chaleur modérée.

Pendant ce temps préparez un coulis de tomate. Ebouillantez 500 g de tomates romaines pour les peler plus facilement. Dans une casserole, faites blondir une gousse d'ail, un oignon haché avec trois cuillerées à soupe d'huile d'olive. Retirez l'ail et ajoutez les tomates coupées en morceaux et quelques feuilles de laurier. Laissez cuire à feu modéré en remuant de temps à autre. Passez les tomates au presse-purée ou au mixer. Remettez la préparation sur feu doux pour la faire réduire. Au besoin, rajoutez un peu de concentré de tomate pour relever la sauce et l'épaissir davantage.

Démoulez le pain de courgettes sur un plat et nappez-le de coulis de tomate. Servez chaud ou froid.

Raviolis à la crème

Pour la pâte

400 g de farine,

2 œufs et un peu d'eau.

Pour la farce

400 g de brousse,

400 g de mozzarella de buffle,

1 botte de persil,

sel et poivre.

Faire une fontaine avec la farine dans laquelle on mettra d'abord les œufs entiers battus et un peu de sel. Mélanger et pétrir du bout des doigts, en ajoutant un peu d'eau si la pâte est trop compacte. Travailler en allongeant et repliant la pâte de temps en temps, et ce jusqu'à obtenir une pâte souple et ferme (15 minutes ou plus). Laisser reposer 1 heure. Pendant ce temps, préparer la farce : couper la mozzarella (de buffle, elle est beaucoup plus savoureuse que celle de vache) en tout petits dés, écraser la brousse à la fourchette, hacher le persil à la moulinette électrique, et mélanger le tout, avec un peu de sel et beaucoup de poivre, pour obtenir une pâte homogène. Etaler la pâte à l'aide d'un rouleau à tarte, le plus finement possible. Si on ne dispose pas de moule à raviolis, réserver la moitié de la surface et sur l'autre moitié, déposer des petits tas de farce tous les 4 centimètres environ. Replier la pâte par-dessus, faire adhérer les bords avec les doigts, et découper des petits coussinets réguliers à l'aide d'une molette dentée. Plonger les raviolis quelques minutes dans l'eau bouillante salée, essorer et mélanger avec de la crème poivrée et persillée, à volonté. Servir avec du parmesan râpé.

Variante : au lieu de les plonger dans l'eau bouillante, on peut passer les raviolis à la friture et les servir tels quels : ils s'appellent lors des Panzarotti!

ŒUFS BRAYONS

4 œufs,
20 cl de crème,
lait,
sel, poivre, fines herbes,
sauce tomate.

Battre tous les ingrédients ensemble comme pour une omelette.

Beurrer un moule en couronne, verser le mélange en remplissant le moule aux deux tiers environ. Cuire au bain-marie au four 30 minutes. Démouler sur un plat rond et napper de sauce tomate ou de Béchamel à la tomate.

Dans cette grande salle du XVe siècle ouvrant sur les douves sèches, la cuisine a gardé son aménagement du siècle dernier. Claire, belle et fonctionnelle, c'est un rêve de cuisinier.

Au Lude, le réveillon des enfants après la messe de Noël

Consommé aux œufs pochés
Filet de bœuf et salade russe
Pots de crème au chocolat

Au Lude, le réveillon des parents après la messe de Noël

Foie gras truffé de Strasbourg
Aiguillettes lardées de bœuf
Chauds-froids de poulet
Gâteau au chocolat

« Le champagne n'était pas alors de mise à la fin du repas, exclusivement occupé par la douceur moelleuse et sucrée d'un Château-d'Yquem. » Quant aux fameuses fanchonnettes, ces tartelettes avec une crème vanillée enrobée de mousse blanche ou dorée surmontée d'une larme de confiture de groseille, nous n'en aurons pas la recette, car elle a disparu avec son cuisinier.

Page de gauche.
Vu depuis la terrasse sur le Loir, le château du Lude présente au sud une façade garnie de grosses tours rappelant Chambord, à l'est, une façade classique du style Louis XVI.

MONT-BLANC

500 g de châtaignes,
chocolat noir,
1 verre de lait,
sucre,
crème fouettée,
essence de vanille.

Faire cuire les châtaignes avec le lait, le sucre et une cuillerée à café d'essence de vanille pendant 20 minutes, en remuant de temps en temps. Après les avoir épluchées, écrasez-les grossièrement à la fourchette et ajoutez une barre de chocolat cassée en morceaux. Remettez-les sur le feu, remuez de temps à autre jusqu'à ce que le chocolat soit fondu. Passez le mélange au moulin à légumes. Remettez sur le feu et remuez jusqu'à obtenir une purée lisse. Si elle est trop compacte, ajoutez du lait. Laissez refroidir. Prenez un plat rond sur lequel vous passerez à nouveau la purée au moulin à légumes. Les vermicelles formeront un dôme. Ménagez un petit creux au centre que vous remplirez de crème fouettée. Complétez la décoration à votre guise, puis laissez reposer le Mont-Blanc quelques heures au frigo, pour le servir bien froid.

CHOU ROUGE À LA FLAMANDE

Pour un chou, quatre pommes, un oignon, sucre et vinaigre.
Coupez le chou en lamelles fines. Faites blondir l'oignon émincé avec un peu de beurre, puis ajoutez le chou, quelques cuillerées à soupe d'eau, une cuillerée de vinaigre, une pincée de sel. Couvrez et laissez cuire 30 minutes à feu modéré. Coupez les pommes en fines tranches, ajoutez-les au chou et remettez sur le feu jusqu'à cuisson des pommes. Ajoutez enfin le sucre et laissez encore mijoter à découvert pour faire évaporer l'excédent de jus.

Je ne résiste pas à l'envie de vous donner une recette de notre déjeuner en compagnie de Mme de Nicolaÿ, une entrée originale et délicieuse.

Préparez de belles fèves toutes fraîches et faites-les cuire quelques minutes jusqu'à ce qu'elles soient tendres à souhait. Laissez refroidir. Pendant ce temps, confectionnez une vinaigrette agrémentée d'échalotes très finement hachées. Enlevez la fine peau des fèves. Au moment de servir, mélangez intimement les fèves et la vinaigrette avec un petit pot d'œufs de lump noirs. Vous m'en direz des nouvelles !

MONTGEOFFROY

Un maréchal gourmand

Deux cent soixante ustensiles de cuivre, au moins, tapissent les murs de la cuisine de Montgeoffroy. Chaque pièce a son usage, et rien n'y manque, rangé en ordre de bataille dans la cuisine du maréchal Louis de Contades. C'est en 1772 qu'il fit raser le château familial du XVIe siècle, n'en conservant que les deux tours et la chapelle. Après une brillante carrière qui l'a mené en Corse, en Flandre et en Allemagne, après avoir gouverné l'Alsace, à l'âge de soixante-huit ans, il veut se retirer dans une demeure digne de son rang. Le château est construit en quatre ans par l'architecte Barré, continuateur du style de Gabriel. Tout y est prévu et pensé, jusqu'au bois des dix-huit commodes identiques qui garnissent les étages : bois de rose pour les étages nobles, bois de fruitier pour le second. On y trouve même une des premières salles à manger. Un bel exemple du style Louis XVI qui n'a plus varié. Le maréchal l'a en fait peu habité, gardant ses fonctions à Strasbourg et auprès du roi; c'est lui qui porta la couronne de France lors du sacre de Louis XVI, en 1775. Refusant d'émigrer, il s'installa chez de bonnes amies et y mourut en 1795 « à la suite d'une violente colère avec ses domestiques »! L'art de la guerre, le goût du foie gras et un caractère impétueux l'avaient quand même mené jusqu'à l'âge de quatre-vingt-douze ans. Montgeoffroy est depuis resté dans la même famille, et nous y avons été accueillis par Arnold, marquis de Contades, et son épouse, qui nous ont confié leurs recettes anciennes et modernes.

Ci-dessus.
Moules à flans, à biscuits, à financières, à tartelettes… sur la table de travail en frêne du XVIIIe siècle.

Crème de cresson

Mettez à fondre dans une casserole une grosse cuillerée de beurre à feu vif. Quand il est à la limite du roussi, mettez le cresson lavé qui réduira aux trois quarts. Mettez du sel avant de remuer, et mouillez avec 2 l d'eau froide. Laissez à feu vif jusqu'à ébullition.

Pendant ce temps, épluchez trois pommes de terre de taille moyenne, lavez-les et essuyez-les. Coupez-les en quatre d'abord puis émincez-les. Ajoutez-les au cresson. Laissez cuire à feu doux ; quand les pommes de terre sont cuites, passez le tout au mixer jusqu'à disparition des feuilles vertes.

Préparez une soupière chaude, versez-y 50 cl de crème fraîche préalablement chauffée et joignez la soupe de cresson. Lissez et servez bien chaud.

Après avoir dégusté à Montgeoffroy ce gigot de sept heures, la reine mère demanda au chef qui l'avait préparé de venir au palais de Windsor en transmettre la recette.

Pâté de foie gras dit pâté de Strasbourg

Le maréchal de Contades fut un jour lassé du foie gras, grande spécialité alsacienne. Son cuisinier Clause créa donc une recette originale dont nous devons la retranscription à Viviane et Antoine Westermann. On peut le déguster dans leur restaurant, et chez les deux privilégiés auxquels ils l'expédient à Noël : le marquis de Contades et Elisabeth, reine d'Angleterre.

Marché pour 10 à 12 personnes.

Farce

375 g de filet de porc,
175 g de lard frais,
125 g de parures de foie gras cru,
25 g de sel épicé.

Vous pilez le tout et passez au tamis. Complétez la farce avec la marinade du foie.

Un foie d'oie bien ferme
du poids de 700 à 800 g
clouté de quartiers de truffes crues,
assaisonné de sel épicé,
mariné 3 heures à l'avance avec
10 cl de cognac et 10 cl de madère.

Foncer un moule cylindrique (diamètre 12 centimètres environ) avec 1 kg de pâte à pâté très ferme et bien reposée. Tapisser le fond et les parois avec une partie de la farce ; disposer le foie au milieu et le couvrir avec le reste de la farce. Sur celle-ci, placer une barde de lard, une pointe d'épices, une feuille de laurier et fermer le pâté ; décorer le dessus. Trouer le milieu

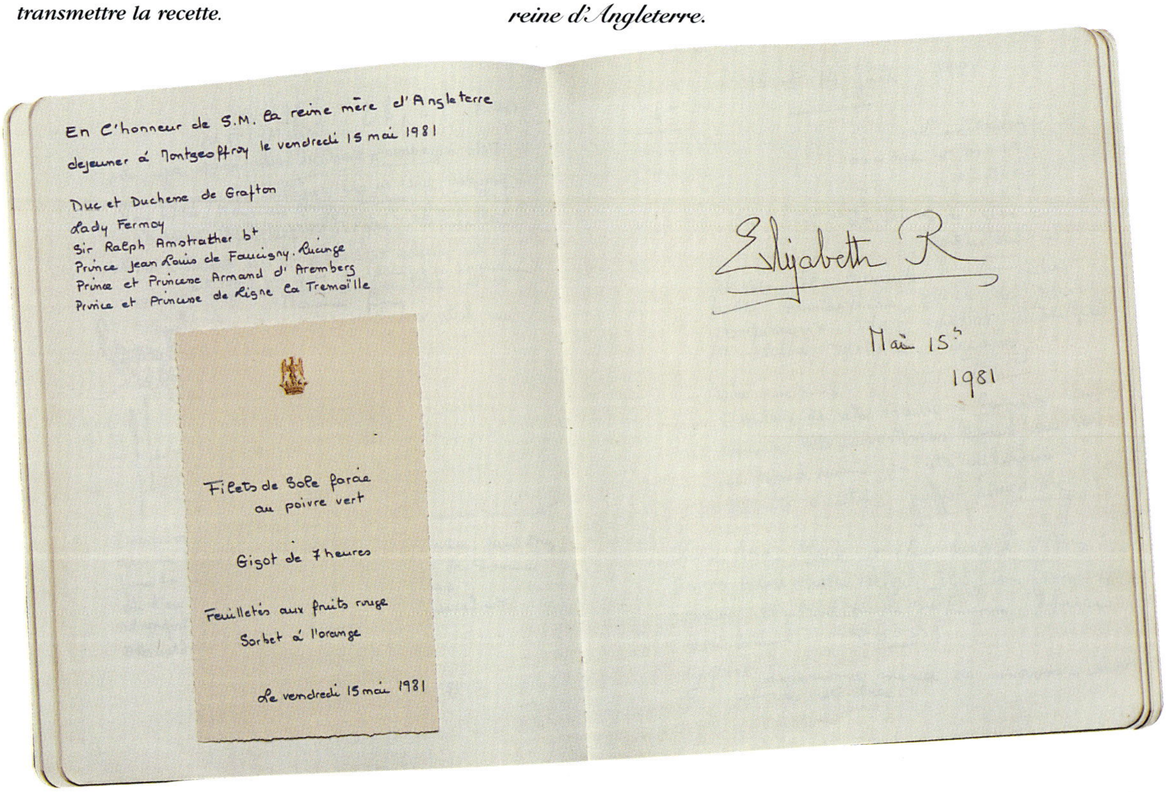

Dans ce « salon à manger » ovale, une alcôve fut créée pour accueillir le poêle en faïence de Strasbourg offert au maréchal par cette ville. Les assiettes de la Compagnie des Indes lui venaient de son beau-père Magon de La Lande, armateur à Saint-Malo.

du pâté, afin de ménager une ouverture pour l'échappement de la vapeur pendant la cuisson ; dorer. Cuire au four à 180° pendant 45 minutes environ. Quand le pâté est froid, le remplir avec de la gelée.

Pour le service

Enlever le couvercle du pâté et servir le foie gras en quenelles démoulées à la cuillère.

GIGOT D'AGNEAU DE MONTGEOFFROY

Le château de Montgeoffroy possède un petit élevage d'agneaux qui permet cette délicieuse recette : le gigot de sept heures.

Allongez votre gigot dans un long plat creux, arrosez de quelques cuillerées d'huile d'olive dont vous badigeonnez toutes les faces. Ajoutez une bouteille de vin blanc sec, une carotte en rondelles, un oignon émincé, du thym, du laurier et quelques gousses d'ail non épluchées. Laissez mariner une nuit, en retournant deux ou trois fois. Mettez dans une plaque de la taille du gigot un peu d'huile et faites dorer la viande dessus, dessous, puis ajoutez la marinade et un peu de bouillon jusqu'à mi-hauteur du gigot. Enfournez à chaleur douce et laissez cuire pendant 7 heures sans recouvrir le gigot. Servez dans le plat de cuisson.

Salade estivale

Recette de la marquise de Contades.

Faites cuire « al dente » des pâtes Di Ceco dans l'eau salée. Rincez-les à l'eau froide abondamment pour arrêter la cuisson. Arrosez-les d'huile d'arachide pour qu'elles ne collent pas. Laissez en attente. Dans un bol, faites macérer en quantité suffisante : huile d'olive, huile d'arachide, paprika, piment fort, un ou deux petits piments oiseaux coupés en deux, et des feuilles de basilic ciselées. Goûtez. Coupez la mozzarella en petits carrés. Epluchez des tomates, enlevez les pépins, coupez la chair en cubes. Faites cuire des tranches de poitrine fumée très fines à la poêle, bien cuites mais non brûlées. Séchez-les dans du papier absorbant. Dénoyautez des olives noires, coupez-les en deux ou en trois. Mettez-en quelques-unes à macérer dans la sauce. Mélangez le tout avec les pâtes. Ajoutez les feuilles de basilic fraîches et entières avec une décoration de mozzarella.

Terrine de faisan

Après avoir plumé et vidé le faisan, nettoyez les abats et réservez-les. Désossez le faisan en gardant les filets. Mettez-les à macérer dans de l'eau-de-vie durant 2 heures. Hachez la chair du faisan, 250 g de gorge de porc, 250 g de maigre de veau, un oignon et du persil. Mélangez ce hachis avec un peu de thym, un verre de vin blanc, sel et poivre. Egouttez les filets de faisan. Ajoutez l'eau de vie au hachis. Tapissez la terrine de bardes de lard, placez la moitié de la farce (si elle est trop liquide, ajoutez un œuf entier en mélangeant bien) puis les filets de faisan. Recouvrez du restant de la farce. Disposez quelques rondelles de carottes, et des petites branches de persil. Couvrez la terrine.

Préparez un bain-marie, déposez la terrine et faites cuire à four moyen pendant 2 heures. Laissez refroidir. Coulez de la gelée au madère et mettez au frais pendant 24 heures.

Au hasard des cuisines, un beau robinet de cuivre.

Terrine de faisan.

Œufs pochés au vin rouge

Mettez à bouillir de l'eau avec deux cuillerées à soupe de vinaigre. Préparez à côté une casserole d'eau froide. Cassez l'œuf, plongez-le délicatement dans l'eau frémissante durant 3 minutes, ressortez-le et mettez-le dans l'eau froide, puis à égoutter sur un torchon. Renouvelez l'opération pour le nombre d'œufs prévus en rajoutant un peu de vinaigre à chaque fois.

Préparez la sauce au vin rouge (pour 4 personnes)

Faites suer trois échalotes émincées dans du beurre clarifié, ajoutez 40 cl de vin rouge, amenez à ébullition et réduisez à glace aux trois quarts. Alors, vous ajoutez quatre cuillerées à soupe de crème fleurette. Remuez avec le fouet et faites réduire à nouveau d'un quart. Montez la sauce avec 150 g de beurre ramolli. Remettez sur le feu sans bouillir. Que le tout s'incorpore en liaison. Salez et poivrez.

Ci-contre.
Harmonie de cuivre et de zinc.

Ce chauffe-plats du XIX*e siècle fonctionnait à la braise.*

Plongez les œufs dans l'eau bouillante trente secondes pour les réchauffer. Déposez les œufs dans des assiettes chaudes, nappez de sauce et parsemez de ciboulette hachée.

Sauté de veau

Pour 10 personnes

Ayez 3 kg de veau en morceaux (jarret, noix). Coupez six carottes et trois oignons en quatre ou grossièrement, ne les épluchez pas, essuyez-les seulement. Dans un grand faitout, mettez de l'huile et faites suer les légumes à feu normal avec une tête d'ail non épluchée. Ajoutez un pied de veau.

Salez et poivrez la viande à cru, saupoudrez de farine légèrement et faites dorer dans une poêle le veau sur toutes ses faces dans moitié d'huile et moitié de beurre. Une fois bien doré, mettez-le à égoutter. Déglacez la poêle avec 50 cl de vin blanc. Ajoutez le veau dans le faitout, où il y a les légumes, avec deux cuillerées à soupe de tomate concentrée et quatre tomates fraîches coupées en quatre ainsi que le déglaçage, un clou de girofle, du thym et du laurier. Le vin doit réduire de moitié. Le tout à feu vif. Recouvrez de fond de volaille (ou bouillon Kub).

Amenez à ébullition à feu vif, écumez la mousse, puis couvrez le faitout et laissez courir environ 2 heures à feu doux.

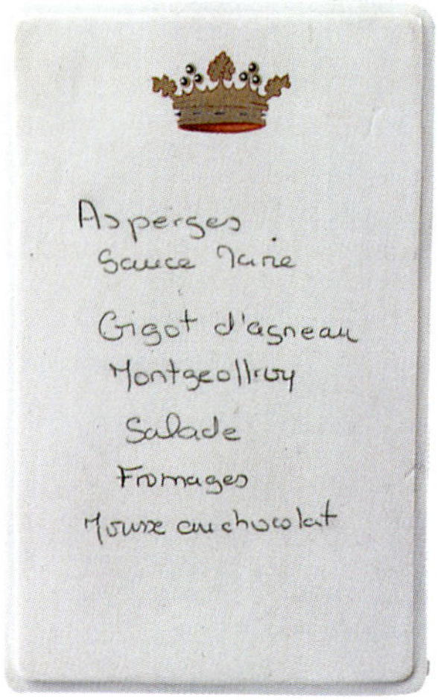

Coquilles Saint-Jacques sur lit d'endives

Préparez cinq noix de Saint-Jacques par personne.
Passez-les à la poêle dans du beurre fondu de couleur noisette, jusqu'à cuisson « al dente », salez, poivrez. Réservez-les.
Lavez et émincez des endives. Assaisonnez-les légèrement d'une fine vinaigrette.
Faites un lit d'endives sur lequel vous disposez les noix de coquilles Saint-Jacques. Arrosez d'un filet de citron et parsemez de pluches de cerfeuil.

Ces cuivres ont vécu. Maintes fois rapiécés et étamés, ils sont toujours prêts au service.

Mousse de café légère

Dans un bol mixer, mettez huit jaunes d'œufs et 125 g de sucre. Montez à blanc. Une fois les jaunes et le sucre blanchis, ajoutez trois cuillerées à soupe d'extrait de café. Goûtez.
Prenez un grand saladier, versez la crème au café. Mettez 75 cl de crème fleurette dans le bol mixer et montez-la comme une Chantilly. Mélangez la crème Chantilly à la crème à café par petite quantité en partant par le centre avec la spatule en caoutchouc jusqu'à ce qu'il n'y ait plus de point de crème, en la mélangeant en tournant bien sur le côté. Mettez au frigidaire 1 heure au moins. Garnissez de petits sablés, d'amandes hachées.

Tarte Tatin

Trouvant sa tarte Tatin trop sombre pour la photo, Marie, cuisinière à Montgeoffroy, nous en avait préparé une seconde. Mais nous avons choisi la première... et dégusté les deux !

Epluchez 2 kg de pommes reinettes, coupez-les en quartiers épais en enlevant les pépins. Prenez un moule à manqué que vous mouillez, que vous beurrez largement et que vous parsemez de sucre en poudre. Disposez régulièrement les quartiers de pommes. Mettez au four chaud le temps de faire prendre couleur. Par ailleurs, vous aurez préparé une pâte brisée qui aura reposé 1 heure. Sortez votre moule du four et placez la pâte en la repliant à l'intérieur des bords. Faites cuire à four chaud une trentaine de minutes.

que dois
ne pourra

Brézé

Un château sur son village

Le château de Brézé, vu de ses vignes, est une aimable construction qui combine des éléments Renaissance avec une restauration néogothique. C'est en s'approchant qu'on découvre son caractère unique : les douves sont d'une profondeur sans égale, près de 20 mètres. Douves sèches, sans eau, elles sont le trait d'union entre le château et les kilomètres de galeries qui courent en dessous et alentour. Un village entier où l'on peut faire tenir une garnison, et c'est ce qui fut fait du temps du Grand Condé, opposant à Louis XIV qui fit occuper Brézé par 500 hommes. Dans le château troglodyte trouvent place écuries, étables, chais, boulangerie, cuisines… et même aujourd'hui une cathédrale d'images.

Brézé avait été construit par la famille du même nom, puis passa par alliance aux Condé, puis en 1682, par échange, à Thomas de Dreux, fait marquis de Brézé par Louis XIV. Par le mariage en 1959 de Charlotte de Dreux-Brézé avec le comte Bernard de Colbert, le château est resté dans la même famille. Ce que nous en rapportons mêle la vie d'aujourd'hui dans un intérieur XIXe siècle et celle plus austère d'autrefois, dans les souterrains.

Ci-dessus.
Les blasons de Colbert et de Dreux-Brézé, deux noms chargés d'histoire.
Ci-contre.
La salle à manger du XIXe siècle remplie de souvenirs familiaux.

Sanglier et marinade pour gibier

Mettez dans un saladier la pièce de gibier à mariner, mouillez avec du vin blanc ou rouge de Brézé, émincez les oignons, l'ail, persil, ajoutez deux carottes en rondelles, thym, laurier, deux cuillerées à soupe d'huile d'olive, sel, poivre. Laissez mariner 2 à 3 jours en retournant les morceaux régulièrement. Egouttez les morceaux de viande, épongez-les et faites-les cuire au four, 15 minutes par livre. Accompagnez d'une purée de marrons, de pommes cuites au four, de purée de pommes de terre et de céleri. Pour la sauce, liez la marinade avec de la farine, de la crème fraîche et de la gelée de groseilles pour adoucir.

Pommes de Brézé

Eplucher une pomme par personne, évider le cœur, les disposer au four dans un plat avec un peu d'eau et une noisette de beurre sur chacune. Environ 20 minutes à four chaud.
Servir avec la sauce de la recette du sanglier ci-dessus.

Page de gauche.
Le sanglier dans la salle à manger, devant une armure imposante, et près des iris de la comtesse de Colbert.
© La truite de Quénécan

Brézé vu depuis ses vignes après la vendange. La grande galerie relie le logis Renaissance à droite à la partie néogothique à gauche.

Douceur au lait

Pour 4 personnes
50 cl de lait,
3 œufs,
4 cuillerées à soupe de sucre en poudre,
1 pincée de sel,
caramel liquide.

Faire chauffer le lait avec le sucre pendant 3 minutes au micro-ondes. Mettre le four à thermostat 7. Dans un saladier, battre les œufs avec le sel. Verser peu à peu le lait chaud en battant bien. Mettre le caramel liquide dans un plat allant au four. Verser le mélange dans le plat bien nappé de caramel. Faire cuire 40 minutes au bain-marie. Laisser refroidir puis démouler.

Face à face entre l'œuvre de la nature et celle des hommes.

Le fer à étamper les barriques au nom du château et aux armes des Dreux-Brézé.

CHARLOTTE AUX POIRES

A faire la veille

30 biscuits à la cuillère,
1 boîte 4/4 de poires au sirop,
10 cl d'alcool de poire,
250 g de crème fraîche,
50 g de sucre en poudre.

Tremper les biscuits dans l'alcool de poire pour les imbiber. Couvrir le fond du moule à charlotte avec les biscuits coupés en deux. Garnir les parois avec des biscuits entiers. Mettre une couche de poires coupées en dés, une couche de crème fraîche mélangée au sucre en poudre, recommencer plusieurs fois. Terminer par une couche de biscuits. Faire prendre la charlotte pendant 24 heures au frais.

GRATIN D'AMANDINE

Pour 5 ou 6 personnes

150 g de chocolat,
25 cl de lait,
4 œufs,
125 g de sucre en poudre,
20 cl de crème fraîche,
125 g de poudre d'amandes,
30 g d'amandes effilées.

Mettre le four à thermostat 6. Casser le chocolat et le faire fondre à feu doux avec le lait. Mélanger. Battre les œufs en omelette avec le sucre en poudre. Ajouter la crème, la poudre d'amandes. Verser progressivement le lait chocolaté tout en remuant. Faire cuire la préparation dans des petits plats à œufs pendant 15 minutes. Décorer la surface avec les amandes effilées, préalablement dorées à la poêle. Servir chaud ou tiède.

Le chai souterrain comporte bien entendu des fûts, mais aussi un très ancien pressoir horizontal et un système ingénieux d'écoulement des vins pressés. Bernard de Brézé dirige un vignoble de 30 hectares de Saumur rouge et blanc sec ou liquoreux.

TARTE CHOCOLAT AUX POIRES

Pour 6 personnes
une pâte brisée,
120 g de chocolat amer,
1 boîte de poires au sirop 4/4,
2 œufs,
20 cl de crème fraîche,
20 cl de lait,
75 g de sucre en poudre.

Faites fondre le chocolat au bain-marie et étalez-la sur le fond de la pâte brisée. Egouttez les poires et tranchez-les en fines lamelles. Disposez-les en éventail sur le chocolat. Dans un saladier, battez les œufs, la crème et le lait. Versez sur la pâte. Faites cuire 40 minutes. Dès que la pâte est bien dorée, retirez-la du four. Allumez le gril. Saupoudrez de sucre toute la surface de la tarte. Passez sous le gril le temps de bien dorer. Servez tiède.

Les chaises XIXe de cette salle à manger se ressemblent, pourtant tous les dossiers en sont différents, dans des motifs gothiques.
© La truite de Quénécan

MERINGUES

Pour 8 personnes
5 blancs d'œufs,
20 g de sucre semoule,
125 g de sucre glace mélangés
à 125 g de sucre semoule.

Allumez le four à 70°. Montez les blancs en neige très ferme et ajoutez à mi-chemin 20 g de sucre semoule. Mélangez le sucre glace et le sucre semoule. Incorporez-les aux blancs en neige bien fermes. Disposez sans attendre en petits tas sur une plaque et laissez cuire doucement au moins 1 heure. Vérifiez qu'elles ne colorent pas.

Page de droite.
La cuisine du sous-sol qui n'a guère changé, simple et fraîche.

Montreuil-Bellay

Un joyau préservé

La cuisine du château de Montreuil-Bellay n'a guère changé depuis cinq cents ans : le foyer central du XIVe siècle est une haute pyramide percée d'un trou. Puis, au XVe siècle, on rajouta deux conduits d'aération qui devinrent deux cheminées, au temps des marmites et des crémaillères. Ensuite on installa un four à pain. Ensuite encore un potager pour les cuissons lentes, et enfin le grand piano en fonte du XIXe siècle. Tout cela sans que la cuisine ne se rapproche du château : elle en était éloignée par crainte des incendies, et raccordée par une galerie.

La première construction d'un château est attribuée à Foulques Nerra, grand bâtisseur de l'an mille. Pris dans les rivalités entre France et Angleterre, il fut détruit en 1151. Une nouvelle forteresse fut bâtie un siècle plus tard, ainsi que l'enceinte de la ville, toujours debout. Depuis 1822, le château s'est transmis par alliance jusqu'à Chantal de Grandmaison, qui nous y avait dévoilé les carnets de cuisine de son aïeul. Son mari Xavier de Thuy et leur fille ont pris la suite.

Serrés sur un promontoire étroit, isolés par des douves sèches, l'ensemble composite des bâtiments est une forteresse imprenable, avec ses souterrains et ses caves profondes… où naquit en 1904 la confrérie bachique des Sacavins, doyenne du genre, sous l'impulsion de Georges de Grandmaison. Rien d'étonnant à cela : la famille est gourmande, comme nous allons le voir.

Crémaillère, cuivres, brasières, sur les murs de la cuisine.

Les carnets de recettes de Monsieur de GRANDMAISON

L'arrière-grand-père de Mme de Thuy, M. de Grandmaison, devenu veuf, voyagea beaucoup de par le monde ; et quand il ne put plus voyager, il se mit à écrire des recettes de cuisine, toutes de sa plume et illustrées par des dessins originaux à l'encre. Madame de Thuy nous a confié ces carnets extraordinaires dont voici quelques extraits. Nous en avons bien sûr respecté la verve et la poésie. Monsieur de Grandmaison mourut en 1914.

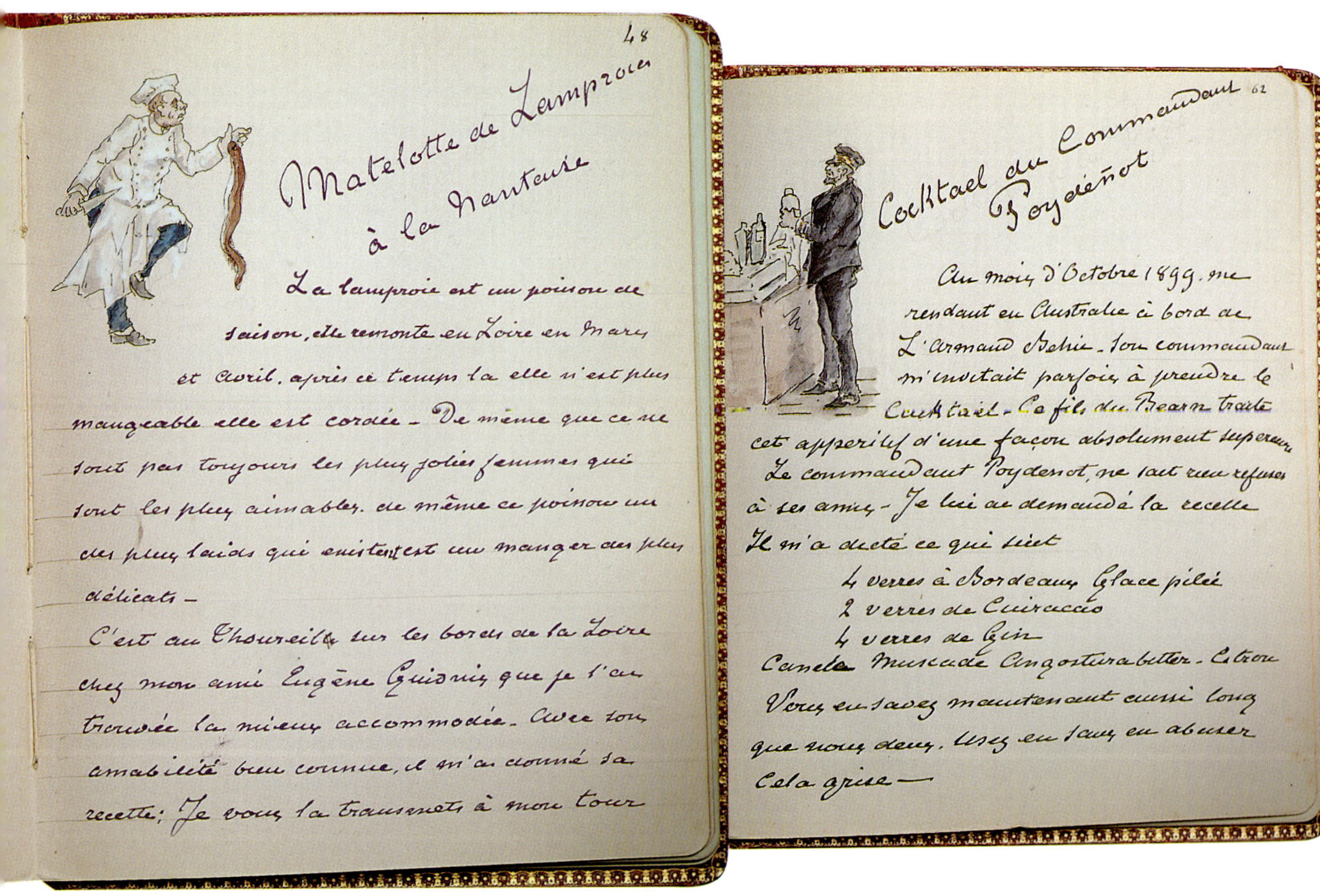

48

Matelotte de Lamproie à la Nantaise

La lamproie est un poisson de saison, elle remonte en Loire en Mars et avril, après ce temps là elle n'est plus mangeable elle est cordée – De même que ce ne sont pas toujours les plus jolies femmes qui sont les plus aimables, de même ce poisson un des plus laids qui existent est un manger des plus délicats –

C'est au Thoureil sur les bords de la Loire chez mon ami Eugène Guiony que je l'ai trouvée la mieux accommodée. Avec son amabilité bien connue, il m'a donné sa recette: Je vous la transmets à mon tour

62

Cocktael du Commandant Poydenot

Au mois d'Octobre 1899. me rendant en Australie à bord de L'Armand Béhic. Son commandant m'invitait parfois à prendre le Cocktael. Ce fils du Béarn traite cet apéritif d'une façon absolument supérieure. Le commandant Poydenot, ne sait rien refuser à ses amis – Je lui ai demandé la recette Il m'a dicté ce qui suit

4 verres à Bordeaux Glace pilée
2 verres de Curaçao
4 verres de Gin

Canelle Muscade Angosturabitter. Citron

Vous en savez maintenant aussi long que nous deux. Usez en sans en abuser

Cela grise –

TOURTEAU À LA GRANDMAISON

Choisissez un crabe tourteau bien lourd et ne moussant pas, faites-le cuire avec de l'eau (froide) et une bonne poignée de sel. Laissez-le refroidir.

Pour un gros tourteau, hachez menu un oignon cru, un soupçon d'ail et une échalote. Hachez également du persil, de l'estragon, du cerfeuil, également et à part deux œufs, le blanc d'un côté, le jaune de l'autre. Ouvrez votre tourteau en ayant soin de bien garder l'intérieur, gardez à part la carapace du dos. Epluchez avec soin toute la chair contenue à l'intérieur en ayant soin de rejeter les lamelles osseuses. Cassez les pattes et retirez-en de même la chair. Mettez les intérieurs crémeux et la chair dans un mortier, broyez et pilonnez en ajoutant de l'huile d'olive peu à peu, du sel et du poivre blanc, un soupçon de Cayenne, quatre-épices et raz el-hanoun, les oignons, ail et échalotes; pilonnez jusqu'à consistance pâteuse. Ajoutez alors un filet de vinaigre ou un peu de citron (meilleur). Remplissez la carapace avec l'appareil et ornez l'orifice en jardin avec les œufs hachés et les herbes. Soutenez la carapace avec les pinces du crabe tourteau... Servez.

SOUPE AU CONGRE

La soupe au congre ! Rien qu'à lire ce nom, je vois votre grimace. En voilà une saleté... etc. Vous vous trompez. Demandez-le plutôt à mes amis yachtmen... qui après en avoir goûté, m'ont tous demandé la recette, qu'aujourd'hui je consigne en ce livre.

Prenez un congre noir, ceci est très important, sortant de l'eau si faire se peut, enlevez-lui la peau. Prenez des masses d'herbes de toutes sortes, laitues, cresson, carottes, oignons (pas trop), hachez le tout ensemble, préparez un bouquet garni (persil, thym, laurier), procurez-vous trois ou quatre fleurs de souci simple.

Mettez à fondre dans une casserole la valeur d'un œuf de beurre, et faites revenir le congre coupé en tronçons pendant 2 minutes. Ajoutez vos légumes hachés, mouillez de 2 l d'eau, salez, et poivrez. Ajoutez votre bouquet, un piment et une échalote, que vous retirerez avant de servir. Laissez cuire à grand feu pendant 20 minutes et ensuite à petits feux pendant 1 heure. Servez.

N. B. : Le congre retiré avant de servir ne doit pas être jeté. Mangé froid le lendemain à l'huile et au vinaigre, il mérite d'être apprécié.

Le château de Montreuil-Bellay possède son vignoble de vins de Saumur, rouges ou rosés.

Brochet à la Rouland

Mon ami Rouland, un vieux garde-chasse, au service des miens depuis près de trente ans, me dit un jour : « Quand j'étais jeune garde-pêche je faisais à ces messieurs des Ponts et Chaussées des cuisines de poisson qu'on s'en lichait les doigts tant c'était excellent. Monsieur le baron je vais vous donner la recette, vous me direz si ça y est. »

Assis alors tous deux devant une bouteille de vin frais, sous sa dictée j'ai écrit ce qui suit :

Faites frire le poisson après l'avoir coupé en tronçons comme s'il devait être mangé ainsi. Mettez ensuite votre poisson dans un plat creux avec environ gros comme un œuf de poule de beurre pour 1 kg de poisson (diminuer la quantité de beurre en proportion s'il y a plusieurs kilos). Mettez sur un feu doux.

Sauce

Battez un œuf blanc et jaune avec une cuillerée de farine ou une demi-cuillerée de fécule, toujours battant ajoutez de l'eau tiède, la valeur d'un bol environ (augmenter la sauce en raison de la quantité de poisson). Au moment de verser la sauce dans le plat où mijote votre friture, ajou-

Le châtelet, vu de l'extérieur. On y accède par deux ponts désaxés, source de danger pour les assaillants.

tez un filet de vinaigre en battant tout le temps. Versez sur le poisson et faites prendre à feu doux.
Lorsque votre sauce a pris la consistance voulue comme une crème, ajoutez persil, cerfeuil, oignons verts hachés menus, juste à l'instant de servir chaud.
N. B. : On prépare quelquefois en Anjou de très gros poissons à cette sauce. Je ne vous conseille pas d'en faire autant, le poisson n'est plus assez frit. Ne pas dépasser pour le brochet 2 ou 3 livres. Quant aux tanches, perches et truites on peut toujours les employer car il est bien rare de les voir dépasser 1 kg.

Faut-il vous dire la vérité ?
Il avait raison. J'ai essayé,
et m'en suis liché les doigts.

Œufs à la coque truffés

Prenez des œufs tout frais pondus. Enfermez-les dans une boîte fermant hermétiquement, en compagnie d'une bonne truffe pelée, ou de pelures de truffes. Laissez séjourner vos œufs 24 heures, retirez-les ensuite et faites-les cuire à la coque. Servez avec mouillettes grillées et beurrées. Vos œufs à l'intérieur seront saturés du goût de truffe.

Le haricot

Le monde se créait sous l'impulsion du maître de toutes choses, les plantes étaient sorties du néant, à chacune d'elles il avait assigné son utilité. Seul dans son coin le haricot, malappris, rustre, faisait un bruit du diable. On l'avait oublié. Après des heures si bien remplies, le Seigneur faisant la sieste, à chaque instant réveillé par les soupirs de ce légume. Quel est cet impertinent? fit-il. L'archange Gabriel, ce jour-là de service, d'un coup d'aile partit s'enquérir, et aussitôt de retour mit le Seigneur au courant des escapades du haricot.
Et l'Eternel, l'ayant fait comparaître, lui tint ce langage : « Petit impertinent, tu as douté de moi, tu sais pourtant que pour toutes choses j'ai mes desseins - te connaissant un enfant terrible, je comptais te garder dans mon Paradis, et te confier la trompette du jugement dernier. Tu as douté de moi, descends donc sur la terre et jusqu'à la consommation des siècles, sois bon. »
Ainsi fut dit, ainsi fut fait, et depuis ce temps le haricot propagé de par le monde, tzigane de l'estomac, toujours vantard et bruyant, est et restera la joie des uns, la terreur des autres.
Malgré tous ses défauts, il est bon, aussi trouve-t-il sa place ici, non pour vous expliquer comme on le mange au gras, au maigre, à l'oignon, autour d'un gigot, en salade, etc., mais bien comment on lui fait fête dans les lointains pays de l'Amérique du Sud, le pays des volcans grondeurs.
Prendre 2 livres de bœuf séché ou de mouton séché et le mettre à dessaler une nuit; ébouillanter cette viande 15 minutes environ, la couper ensuite en lanières.
Mettez des haricots, ce qu'il en faut, à détremper pendant 24 heures. Mettez alors ces légumes à bouillir (l'eau au début doit être froide), après 15 minutes, videz cette eau et remplacez-la par de l'eau tiède. Ajoutez alors la viande sèche, deux oreilles de porc, un pied de porc, 1 livre de petit salé, oignons, ail, poivre, sel, laurier et un piment. Faites bouillir en vase clos jusqu'à ce que les haricots s'écrasent sous le doigt. Ajoutez une cuillerée d'huile ou de beurre, encore 10 minutes de cuisson et servez.

Le haricot.

Ci-dessous.
Vue du château Neuf depuis la cour.

Ci-dessus.
Queue de bœuf en hochepot

QUEUE DE BŒUF EN HOCHEPOT

Coupez la queue de bœuf par morceaux que vous ferez blanchir et cuire avec du bon bouillon, un bouquet garni, peu de sel ; il faut 5 heures de cuisson. A mi-cuisson, ajoutez oignons, carottes, panais, navets, un peu de chou, le tout coupé et blanchi proprement. Quand tout est cuit, retirez-le sur un linge et essuyez-le pour qu'il ne reste pas de graisse. Arrangez ensuite les légumes avec la viande dans un pot en terre propre à être présenté sur la table. Dégraissez la sauce où a cuit la viande. Mettez-y un peu de coulis (de tomate) et faites réduire si la sauce est trop longue. Prenez garde qu'il n'y ait trop de sel ; passez alors la sauce au tamis et servez sur la viande et les légumes.

Chateaubriand en terrine

Prenez un morceau de filet de bœuf non paré de 500 à 600 g. Parez-le légèrement. Placez-le debout sur la table et battez-le de façon à le rendre également épais sur les quatre faces. Mettez gros comme une noix de beurre dans une poêle, et quand il est bien chaud faites revenir le chateaubriand sur toutes ses faces, cela à feu vif et assez promptement pour que la viande ne cuise pas. Enlevez alors le filet et mettez-le sur une assiette assaisonné fortement de sel et poivre. Laissez de côté.

Pelez deux petits oignons blancs, trois ou quatre petites carottes que vous émincez en fines rouelles, quatre belles tomates bien rouges et fermes que vous trempez dans l'eau bouillante une seconde de façon à les peler. Coupez-les en deux et pressez-les légèrement de façon à en extraire l'eau et les graines – en hiver remplacez les tomates par deux grandes cuillerées de purée de tomate – et enfin hachez fin une petite échalote.

Prenez une terrine à pâté. Semez au fond la moitié de vos légumes émincés. Couchez dessus votre chateaubriand puis le reste des carottes et oignons, les morceaux de tomates coupés en quatre, l'échalote, une petite feuille de laurier et une petite branche de thym. Arrosez le tout d'un verre à bordeaux de vin blanc sec, d'un verre à liqueur de cognac, autant de madère et d'une petite cuillerée à pot de jus de veau ou de très bon bouillon. Couvrez alors et lutez hermétiquement le tour avec une pâte faite de farine détrempée à l'eau et mettez au four à feu modéré. Laissez cuire 2 heures. Envoyez la terrine telle quelle sans la découvrir à la salle à manger. Le parfum qui se dégage nous réjouit à l'avance et Chateaubriand s'en trémousse dans son tombeau du Grand Bé.

La suie qui couvre les pans de cette cheminée centrale est antérieure à la Renaissance.

Brissac

La grandeur d'une famille

Tout est grand dans ce plus haut château de France : l'escalier, monumental : la salle des gardes, immense; les cuisines, prêtes à nourrir une garnison. Nous y avons fait poser le grand maître Charles-André de Brissac et deux membres de la confrérie des Rillauds d'Anjou, qui tient des chapitres rabelaisiens en l'honneur de la bonne chère et du bon vin. La cuisine se trouve dans un pavillon développant sept étages au-dessus de l'Aubance qui baigne l'Anjou. La famille de Cossé habite Brissac depuis 1502, et en a pris le nom. Auparavant, un premier château avait été construit par la famille de Brézé; il en reste les deux tours de la façade. En 1601, Charles II de Cossé détruisit ce château et entama la construction d'un édifice de haute taille, qui ne fut jamais terminé, puisque l'aile droite n'a pas été construite et que les deux tours anciennes lui sont restées accolées, comme vouées à la pioche d'un démolisseur toujours en retard.

Dès leur origine, les Brissac ont été familiers des plus hautes charges. Quand François Ier, capturé après sa défaite de Pavie, échangea à Charles Quint sa liberté contre celle de ses enfants, ce sont deux Brissac qui les accompagnèrent en exil. Le suivant, Charles, fut maréchal de France, et son frère Artus aussi, et aussi son fils, duc et pair, qui remania le château. Son petit-fils, duc et maréchal, a laissé des aménagements intérieurs remarquables, dont une salle des gardes de 32 mètres de long et des appartements décorés avec luxe. Il y a bien sûr une chambre du roi, où Louis XIII et sa mère Marie de Médicis se sont réconciliés en 1620, et même, au second étage, un théâtre inauguré en 1890 et toujours utilisé.

LES RILLAUDS

Le rillaud est dérivé d'un vieux mot français du XVIe siècle, « rille », qui signifiait : « bande de lard ». Les rillauds d'Anjou sont des morceaux de poitrine de porc cuits dans un bouillon composé d'os de porc, d'herbes aromatiques et de légumes goûtés.
La cuisson durera longtemps, des heures durant, puis quand le bouillon sera bien réduit, on ajoutera de la graisse de porc, ou saindoux, pour continuer la cuisson.
On accompagne les rillauds chauds de pommes de terre cuites dans la graisse d'oie, ou en salade. Ils se dégustent aussi bien froids.

Menu d'un retour de CHASSE

Dans le vestibule du château de Brissac, témoignages d'une grande famille de veneurs. Prises de 1919.

Le bouillon Retour de chasse
Faisan Szechenyi
Pâté aux prunes

BOUILLON RETOUR DE CHASSE

Prenez un lapin de garenne, une vieille perdrix, deux ou trois cailles que vous plumez, videz, flambez, etc., et mettez-les dans une marmite avec une tranche de jambon; mouillez d'eau et d'une bouteille de vin de Madère, faites écumer sur le feu, et assaisonnez comme un pot-au-feu ordinaire; faites cuire à petit feu 4 heures, tirez votre bouillon au clair. Faites une purée des chairs de votre gibier, goûtez si l'un ou l'autre est d'un bon sel. Vous avez des croûtes de pain mollet dans votre soupière, versez-y votre bouillon bien chaud; faites fondre un morceau de bon beurre dans votre purée de gibier et versez-la sur le potage au moment de servir. Tirer un bouillon au clair : il faut mettre dans le bouillon du blanc d'œuf, qui en se coagulant emprisonne toutes les impuretés. C'est en fait ce qu'on appelle le « collage » pour le vin.

FAISAN SZECHENYI

En hommage à un aïeul de Larissa de Brissac née Szechenyi, qui œuvra pour l'indépendance de la Hongrie.

Lavez un beau chou vert coupé en deux. Blanchissez-le à l'eau bouillante. Egouttez et pressez-le très fort, qu'il n'y ait plus d'eau dans les feuilles. Réservez-le.
Epluchez quelques pommes de terre selon le nombre de convives. Emincez en fines lamelles. Mettez-

les dans de l'eau froide et réservez.
Préparez votre faisan : plumez, videz, nettoyez-le.
Faites bouillir de l'eau. Nettoyez un foie gras frais. Plongez-le 20 minutes dans l'eau frémissante. Egouttez-le et séchez-le délicatement. Salez et poivrez, ajoutez du paprika sur toutes ses faces et introduisez-le dans le faisan. Installez le faisan dans un plat à four foncé de tranches de lard, huilez et beurrez modestement. Laissez cuire une petite heure.
Découpez quelques poivrons de couleur (rouge, vert, orange...) en fines lanières et faites-les cuire doucement à l'huile d'olive.
Beurrez un moule à charlotte et tapissez-le de feuilles de chou très pressées. Salez et poivrez tour à tour. Recouvrez de tranches de lard et mettez au four à gauche du faisan.
Beurrez des petits moules à tarte ou de petites poêles à blinis et disposez harmonieusement les lamelles de pommes de terre essuyées. Salez et poivrez et ajoutez un peu d'huile et de beurre pour la cuisson. Placez à droite du faisan si votre four est assez spacieux pour le faire. Au bout de 1 heure, votre faisan est cuit, ainsi que les garnitures. Coupez le gibier et le foie gras, démoulez la charlotte de chou et les pommes de terre rôties; ajoutez sur le plat les lanières de poivrons.

PÂTÉ AUX PRUNES

Le pâté aux prunes est une spécialité du terroir angevin. Les prunes utilisées sont des reines-claudes : hommage à Claude de France, épouse de François Ier et fille d'Anne de Bretagne.

Préparez un pâte brisée, séparez-la en deux et laissez-la reposer.
Faites un sirop d'eau et de sucre et plongez-y quelques minutes les reines-claudes dénoyautées.
Tapissez un moule rond d'un morceau de votre pâte, placez les fruits avec un peu de sucre, recouvrez de l'autre morceau, faites une cheminée au centre et dorez à l'œuf. Enfournez et surveillez la cuisson.

Les tableaux qui ornent cette salle à manger viennent d'un héritage Nicolaÿ, du château de Bercy auquel avaient succédé les ruelles des marchands de vin, elles aussi détruites.

Terrine de chevreuil

Le Rallye Châtelaine, dont le maître d'équipage est le duc de Brissac, courre le chevreuil. C'est la chasse la plus délicate, qui réclame des chiens fins et subtils. Voici une recette qui permet d'employer différentes pièces de l'animal.

Hachez grossièrement 800 g de chevreuil. Hachez plus finement 300 g de maigre de porc (échine ou filet), et 300 g de lard gras. Mettez le tout dans un récipient et mêlez un œuf, un petit verre de cognac, 100 g de noisettes entières, un peu d'estragon, du sel et du poivre.

Garnissez une terrine de barde de lard et tassez la préparation, décorez de lanières de barde en croisillons et placez au four dans un bain-marie. Laissez cuire 2 heures à four moyen. Attendez au moins 24 heures avant de le consommer.

Saumon de Loire à l'oseille

Un beau saumon se laissera découper en darnes de 2 centimètres d'épaisseur. Vous les cuirez dans un court-bouillon très relevé, teinté d'un léger filet de vinaigre de vin. Le court-bouillon aura mijoté au moins 1 heure à couvert au bout de laquelle vous placerez vos darnes. Coupez le feu et laissez cuire toujours à couvert le temps de préparer la petite sauce à l'oseille. Emincez des feuilles d'oseille et faites-les tomber dans un peu d'eau. Ajoutez alors une cuillerée de crème fraîche et, par petits morceaux, du beurre froid. Servez-vous d'un fouet pour les incorporer, cela sans faire bouillir, ce qui détruirait l'homogénéité de la sauce. Salez et poivrez. Réservez au bain-marie. Retirez les darnes de leur eau, disposez-les sur un linge blanc. Qu'elles soient bien essuyées. Dressez sur un plat d'argent, et nappez de la sauce. Accompagnez de riz créole ou de pommes de terre à l'anglaise.

Cotignac

Prenez les plus beaux coings et ôtez-en les pépins en y laissant toute la peau des fruits, car c'est dans la peau des coings que se trouve la plus grande partie de leur parfum et de leur saveur particulière; enlevez les pépins et la partie fibreuse, vous les mettez avec de l'eau dans une bassine, en les retournant de temps en temps avec une spatule jusqu'à ce qu'ils soient bien tendres, alors vous les retirez et vous les jetez dans un tamis sur une terrine; quand ils sont refroidis, vous les écrasez et vous les réduisez en pulpe que vous faites réduire à moitié sur le feu, vous la retirez et vous la versez de la bassine dans un vase de terre vernissée ou dans une terrine, précaution sur laquelle on ne peut qu'insister.

Vous clarifiez une même quantité de sucre et de marmelade, et vous faites cuire au petit cassé; vous y versez la marmelade en remuant bien avec une spatule; quand le mélange est bien fait, vous remet-

Soupière en Sèvres du XVIIIe siècle, aux armes de Brissac.

tez la bassine sur un petit feu, en remuant toujours jusqu'à ce que vous découvriez facilement le fond de la bassine, alors vous la retirez de dessus le feu. Vous posez sur une plaque de fer-blanc ou des ardoises des moules de différentes figures soit en rond, soit en carré, soit en forme de cœur, vous les emplissez de votre pâte ou marmelade, ayant soin d'en bien unir la surface avec un couteau; lorsque tous les moules sont remplis, vous saupoudrez avec du sucre et les mettez à l'étuve avec un bon feu.

Le surlendemain, vous les retirez des moules, vous les posez sur des tamis en les retournant et les saupoudrez aussi de sucre de ce côté; vous les laissez en cet état 1 journée à l'étuve et vous les conservez dans des boîtes bien bouchées, en les disposant par lit et mettant entre chacun une feuille de papier blanc.

« Un château neuf à demi construit, dans un château vieux à demi détruit. » La définition de Pierre, douzième duc de Brissac.

Alexandre Dumas cite cette vieille recette également mentionnée par Grimod de La Reynière. Mais Tallemand des Réaux en parle bien plus tôt au sujet d'une rivalité galante entre François Ier et le maréchal de Brissac.

GOULAINE

Ô cuisines, ô châteaux…

Les Goulaine sont viticulteurs depuis près de mille ans au pays de Nantes. La filiation est connue depuis le XIIe siècle et compte notamment Mathieu, qui fut l'artisan d'une réconciliation entre la France et l'Angleterre. Il reçut en récompense des armes prestigieuses : le léopard d'Angleterre et les lys de France, d'où cette devise familiale : « A cestuy-ci, A cestuy-là, j'Accorde les couronnes » que l'on retrouve sur les lucarnes de la façade, parfois abrégées : AAA.

Le château de Goulaine correspondit à un marquisat qui dominait une grande partie de l'actuel muscadet de Sèvre-et-Maine. Robert de Goulaine, qui l'habite en permanence, représente la vingt-neuvième génération d'une famille éminente… et gourmande : les carnets de la famille surprennent avec des plats mystérieux ou des repas de fleurs. Il convient aussi de ne pas oublier Clémence, cuisinière au tournant de ce siècle, qui inventa au château le célèbre beurre blanc, avant de le rendre populaire dans son auberge des bords de Loire. Les origines des grandes recettes sont souvent disputées, mais celle-ci est confirmée par de nombreux auteurs, Curnonsky en premier.

Ci-dessus.
« A cestuy-ci, A cestuy-là, j'Accorde les couronnes. »
Ci-contre.
Robert et Gudrun de Goulaine dans les caves millénaires du château.

Ceviche

Plat de Janeth de Goulaine, belle-fille du marquis, originaire de l'Equateur.

Ce plat froid se sert en entrée dans un bol et avec une cuillère : très rafraîchissant et délicieux, il se déguste bien relevé par le piment. Il nous faut : 1 kg de grosses crevettes roses décortiquées, de préférence équatoriennes, 7 tomates très mûres découpées en dés, beaucoup de feuilles de coriandre fraîche hachées, 2 oignons émincés.

Avec tout cela vous confectionnez la sauce : mixez deux tomates et recueillez le jus, ajoutez-y le jus de trois citrons et d'une orange, deux cuillerées à soupe d'huile de tournesol et une cuillerée à soupe d'huile d'olive, du sel et deux pincées de piment en poudre ou plus, selon le goût.

Le « ceviche » serait à l'Equateur ce qu'est le gaspacho à l'Espagne. On accompagne ce plat de chips de banane verte : découpez en fines rondelles des bananes vertes que vous faites frire dans de l'huile bouillante, que les chips soient bien croustillantes; on peut aussi accompagner de pop-corn (mais les bananes vertes, c'est bien mieux).

Gâteau d'anniversaire

Pour 8 personnes.

Préparez d'abord le praliné

Mettez sur feu vif dans une poêle épaisse et non étamée 125 g de sucre en poudre et autant d'amandes dans leur peau, n'ajoutez aucun liquide. Remuez sur le feu jusqu'à ce que le sucre ne soit plus qu'un caramel brun. Versez-le alors sur une plaque de marbre ou de faïence huilée (quand il sera froid vous l'écraserez au pilon ou vous le râperez avec le petit coupeur de légumes).

Puis faites la génoise

En battant ensemble 100 g de sucre et quatre œufs sur tout petit feu et en y mélangeant hors du feu 75 g de praline, la farine (80 g), le beurre fondu (50 g). Versez dans un moule à moka ou à manqué beurré et fariné, et mettez à four doux 45 minutes. Après quoi démoulez et laissez refroidir. Pendant ce temps, préparez une crème avec deux blancs, 100 g de sucre, 100 g de beurre et le reste du praliné. Battez le blanc et le sucre sur feu doux puis hors du feu ; quand le mélange sera presque froid, vous y ajouterez le beurre et le praliné. Reprenez la génoise. Coupez-la transversalement en deux ou trois tranches comme on le fait pour le moka, étalez la crème entre les tranches et reformez le gâteau.

La salle à manger privée.

Puis glacez avec le fondant

Celui-ci se fait à l'avance et on peut le garder longtemps sans qu'il s'abîme. Faites cuire à grand feu, dans la poêle dont nous parlions plus haut, 1 livre de sucre en morceaux avec un demi-verre d'eau chaude. Laissez cuire jusqu'à ce que votre sirop soit au soufflé. Versez alors le sirop sur une plaque de marbre. Quand il ne collera plus au doigt, travaillez-le à la spatule, vous obtiendrez une pâte blanche, ferme, que vous devez travailler à la main jusqu'à ce qu'elle soit sans grumeaux.

Prenez ensuite la moitié du fondant, pour en glacer la génoise, mis sur feu doux avec une cuillerée à soupe de rhum et remué ; vous le verserez sur le gâteau, quand il sera bien chaud. Etalez-le rapidement avec une palette de métal. Laissez sécher.

Maintenant, le sucre décoratif.

150 g de sucre en morceaux, deux cuillerées à soupe d'eau, une cuillerée de vinaigre mélangés dans une poêle en cuivre et cuits au cassé (un petit morceau de ce sucre dans l'eau froide doit se casser aisément). Versez-le sur le marbre huilé quand il sera tiède, travaillez-le en l'étirant et en le repliant jusqu'à ce qu'il devienne ferme tout en demeurant plastique. A ce degré de souplesse, vous pourrez en faire ce que vous voudrez : corolles de fleurs ou cornets pour retenir les bougies, nœuds de ruban, etc. En y mêlant sur le marbre, lorsqu'il est encore chaud, du carmin spécial et du vert, on obtient de beaux effets de couleurs.

Pour l'inscription

5 cuillerées à café de sucre glace dans très peu de blanc d'œuf et quelques gouttes de jus de citron.

BÛCHE GOULAINE

500 g de purée de châtaignes,
75 g de sucre en poudre,
125 g de beurre,
1 paquet de sucre vanillé,
2 barres de chocolat râpé.

Il faut bien pétrir le tout dans un saladier avec la main. Donnez à cette pâte la forme d'une bûche que vous dressez sur un plat long. On peut glacer avec deux barres de chocolat fondues dans deux cuillerées d'eau et une noix de beurre, ou décorer à l'aide d'amandes, de noix et de noisettes.

La bûche Goulaine.

FRAISES AU MELON

*Recette envoyée
par G. R de Salles
à son ami Ch. Monselet.*

Quand aura sonné l'heure du renouveau pour les melons et pour les petites fraises alpestres si délicates et parfumées, voici ce que tu auras à faire si tu veux te secouer dans la bouche toutes les fleurs du paradis terrestre.

Prends un melon de Cavaillon. Fais, avec un couteau à lame de vermeil, une incision circulaire autour de la queue. Une fois cette ouverture pratiquée, enlève avec une cuillère d'argent la graine intérieure, en ayant soin de ne pas attaquer la pulpe; puis, ce premier devoir accompli avec tout le respect qu'exige un tel sacerdoce, introduis dans le ventre de ton ami deux cuillerées d'excellent sucre raffiné; sur ce lit douillet, pose une couche de fraises et procède ainsi par couches alternatives semblables jusqu'à ce que ton melon soit rempli.

Alors débouche une bouteille de bordeaux « irréprochable » et verse-le dans les flancs du cher cavaillonnais de façon à combler les vides laissés par le sucre et les fruits. Cela fait, rebouche le melon hermétiquement avec la partie d'abord enlevée; porte-le dans ta cave la plus fraîche et laisse-le mariner pendant 24 heures. Ce temps expiré, l'heure solennelle est venue. Verse dans un compotier le contenu du cavaillonnais et tu m'en diras des nouvelles. Quant au melon lui-même, tu peux l'offrir à quelque tiède ami : il s'en régalera.

Sur ce, je te serre la main et prie Dieu qu'il te conserve en ton opulente santé. A toi de cœur et d'estomac.

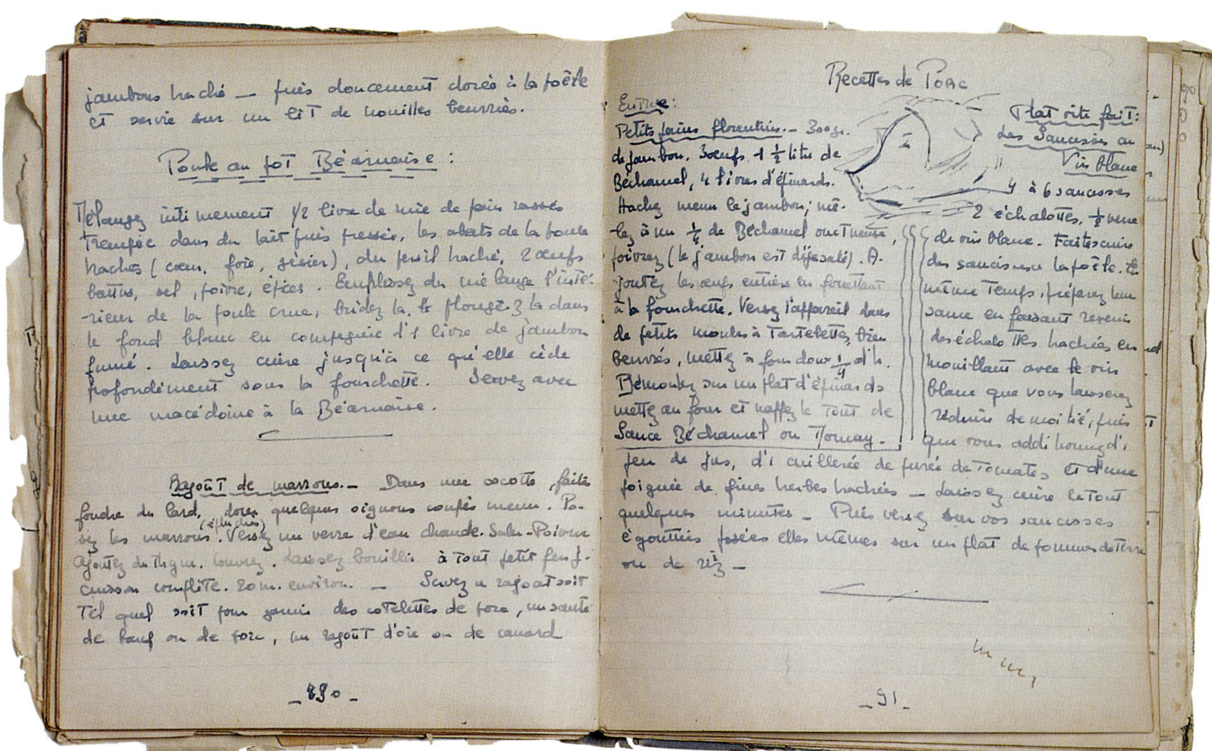

GÂTEAU
AU FROMAGE BLANC

Préparé par la marquise de Goulaine.

Mélanger 200 g de farine, une cuillerée à café rase de levure, 75 g de sucre, un sachet de sucre vanillé, un œuf, 75 g de beurre. Etaler dans un moule à manqué de 4 centimètres de hauteur. Mélanger 750 g de fromage blanc, 150 g de sucre, un paquet de sucre vanillé, cinq cuillerées à soupe de Maïzena, quatre jaunes d'œufs et le zeste râpé d'un citron. Ajouter les blancs montés en neige. Disposer dans le moule sur la pâte et faire cuire pendant 1 heure au four (175°).

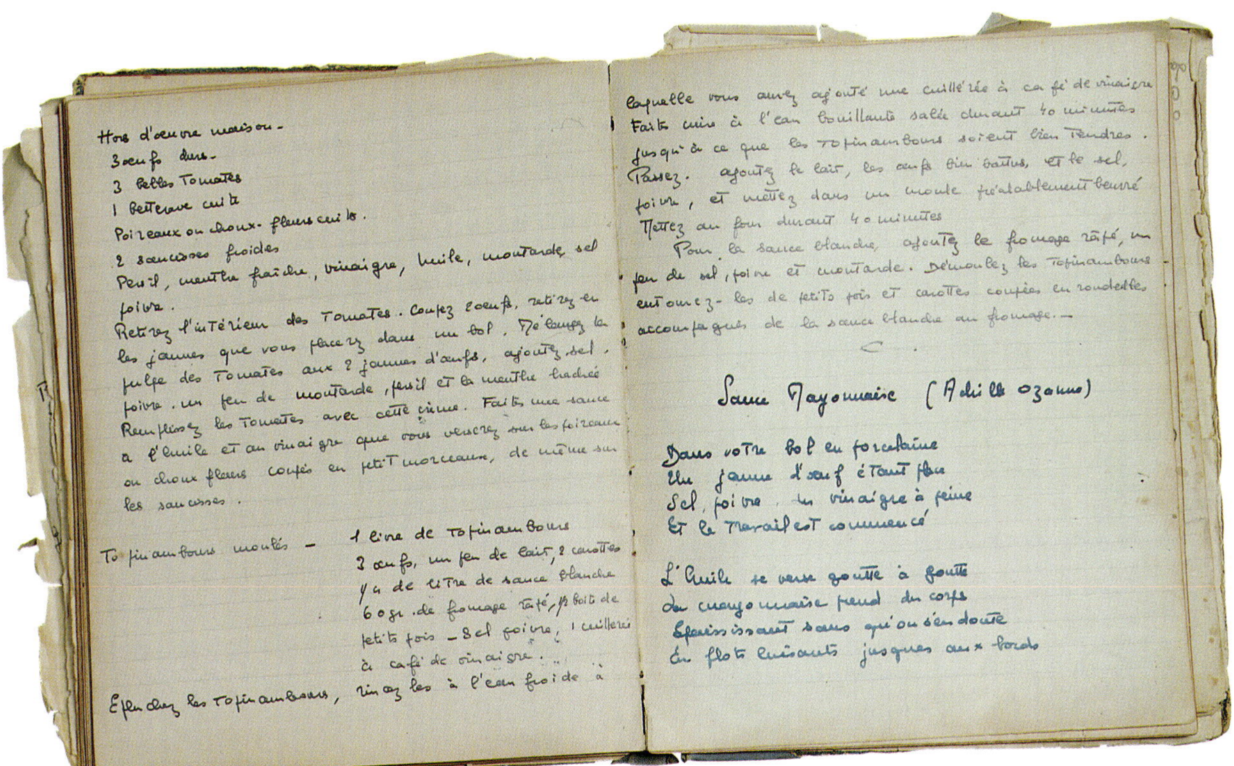

Hors d'oeuvre maison -
3 oeufs durs -
3 belles Tomates
1 betterave cuite
Poireaux ou choux-fleurs cuits.
2 saucisses froides
Persil, menthe fraiche, vinaigre, huile, moutarde, sel
poivre.
Retirez l'intérieur des Tomates. Coupez 2 oeufs, retirez en
les jaunes que vous placerez dans un bol. Mélangez la
pulpe des Tomates aux 2 jaunes d'oeufs, ajoutez sel,
poivre, un peu de moutarde, persil et la menthe hachée
Remplissez les Tomates avec cette crème. Faites une sauce
à l'huile et au vinaigre que vous verserez sur les poireaux
ou choux fleurs coupés en petit morceaux, de même sur
les saucisses.

Topinambours moulés - 1 livre de Topinambours
3 oeufs, un peu de lait, 2 carottes
1/4 de litre de sauce blanche
60 gr. de fromage râpé, 1/2 boite de
petits pois - Sel poivre, 1 cuillerée
à café de vinaigre.

Epluchez les Topinambours, rincez les à l'eau froide à
laquelle vous avez ajouté une cuillerée à café de vinaigre
Faites cuire à l'eau bouillante salée durant 40 minutes
jusqu'à ce que les Topinambours soient bien Tendres.
Passez. ajoutez le lait, les oeufs bien battus, et le sel,
poivre, et mettez dans un moule préalablement beurré
Mettez au four durant 40 minutes
Pour la sauce blanche, ajoutez le fromage râpé, un
peu de sel, poivre et moutarde. Démoulez les Topinambours
entourez-les de petits pois et carottes coupées en rondelles
accompagnés de la sauce blanche au fromage. -

Sauce Mayonnaise (Achille Ozanne)

Dans votre bol en porcelaine
Un jaune d'oeuf étant placé
Sel, poivre, un vinaigre à peine
Et le travail est commencé

L'huile se verse goutte à goutte
La mayonnaise prend du corps
Epaississant sans qu'on s'en doute
En flots luisants jusques aux bords

Le menu Point d'interrogation

Deux plats à mystère...

Œufs en surprises

Vider les coquilles d'œufs en les perçant aux deux bouts avec une grosse aiguille.
Préparer une crème prise dont vous remplirez les coquilles avec un petit entonnoir à pharmacie ou une petite cuillère. Boucher les orifices avec un pont de cire à cacheter et à défaut avec un rond de papier blanc collé à la colle de pâte (farine-eau). Faire cuire les œufs au bain-marie et au four ou simplement au bain-marie pendant 20 à 30 minutes. L'eau doit monter au moins à mi-hauteur des œufs, le bout comportant le plus large orifice étant maintenu hors de l'eau (mettre les œufs dans les coquetiers ou dans un panier à œufs pour cela).

Crème prise

pour trois ou quatre œufs,
50 cl de lait,
poivre et sel,
si possible 30 à 40 g de fromage râpé,
muscade ou tout autre parfum au choix, par exemple quelques gouttes d'essence de truffe ou de champignon.

Bien qu'étant en Bretagne, Goulaine est, par son architecture et l'emploi du tuffeau de Saumur, lié aux châteaux de la Loire, dont il clôt la longue succession.

Frittura mystère

Préparer d'une part une pâte à beignets et d'autre part toutes sortes d'éléments variés : légumes de saison (ou de conserve) divisés en petits morceaux (bouquets de chou-fleur, petits artichauts tendres parés et coupés en quatre, bâtonnets de salsifis, carottes ou navets, crosnes, rondelles d'aubergines ou de topinambours, champignons entiers ou en morceaux); coquillages (dessablés et décoquillés) pris par cuillerée à bouche (moules coques...); poissons frais ou de conserve détaillés en filets; fragments de viandes diverses : languettes de foie, morceaux de rognons, tranches de saucisson cuit, saucisses, dessertes de viandes diverses; quartiers d'œufs durs, morceaux de fromage...
Frire à pleine friture fumante en prenant garde de ne pas cuire trop de beignets à la fois. A chaque fournée, jeter quelques brins de persil dans la friture pour la désodoriser en cas de poissons ou d'aliments forts. Servir en mélangeant les beignets de natures diverses en les dressant en buisson. Décorer de touffes de persil.

Dîner de FLEURS

DAHLIAS EN SALADE

Laver les tubercules, les cuire à l'eau bouillante salée. Eplucher. Couper en rondelles et assaisonner à chaud avec sel, poivre et vinaigre. Poivrer fortement pour corriger le goût très doux du tubercule qui est sucré.

SALADE DE CAPUCINES

Sur fond vert d'épinards cuits très égouttés.

FLAN D'ŒILLETS BLANCS

Faire cuire quelques minutes des pétales d'œillets blancs dans du lait sucré. Jeter le tout en remuant sans cesse dans des œufs battus en omelette et délayés avec un peu de farine (deux cuillerées à soupe de farine et deux œufs par demi-litre de lait). Faire prendre au bain-marie ou au four dans des assiettes à soufflé (environ 20 minutes de cuisson).

N. B. : Ce flan est peut-être meilleur encore salé que sucré. Poivrer fortement dans ce cas.

BEIGNET DE CHRYSANTHÈMES

Laver les feuilles de chrysanthèmes jaunes ordinaires. Les sécher, les tremper dans une pâte à beignets croustillante (celle à la bière convient très bien ; si on fait une pâte à l'œuf, y ajouter un peu d'eau-de-vie et une cuillerée d'huile). Frire à grande friture et servir en pyramide légère avec une saupoudreuse de poivre de cayenne.

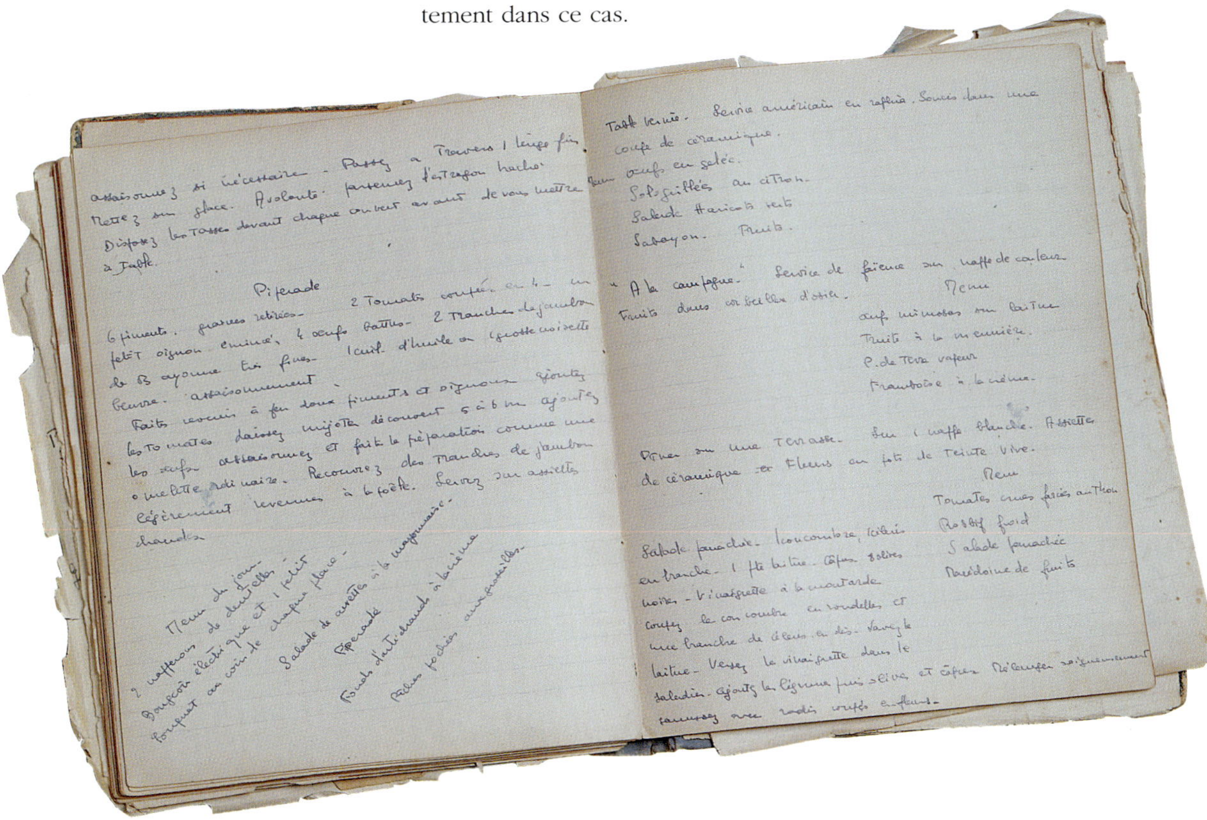

MANCHE
CALVADOS
ORNE
MAYENNE
ILLE-ET-VILAINE
SARTHE
LOIRE-INFÉRIEURE
MAINE-ET-LOIRE
INDRE-ET-LOIRE
VENDÉE
Caen
Bayeux
Lisieux
Falaise
Granville
St Malo
Avranches
Fougères
Rennes
Laval
Mayenne
Alençon
Le Mans
La Flèche
Angers
Nantes
Saumur
Chinon
Tours
Cholet
Châtellerault
7
8
9
10
11
12
13
14
15
16
17
18

TABLE des matières

GUIDE pratique

Château de La Bussière - 45230 La Bussière
Classé MH. Adhérent VMF et DH.
Visites d'avril au 11 novembre : château, potager, collections sur la pêche.
Propriétaire : Madame de Chasseval.
Contact : 02.38.35.93.35. ***Télécopie :*** 02.38.35.94.13.
Internet : www.chateau-labussiere.com

Château de La Ferté-Saint-Aubin - 45240 La Ferté-Saint-Aubin
Classé MH. Adhérent VMF et DH.
Visites tous les jours à partir du 18 février : château, parc et écuries. Démonstrations de cuisine, expositions.
Propriétaire : Monsieur Jacques Guyot.
Contact : 02.38.76.52.72.
Internet : www.chateau-ferte-st-aubin.com

Château de Châteaudun - Place Jehan-de-Dunois, 28200 Châteaudun
Classé MH. Adhérent VMF et DH.
Visite toute l'année, sauf quelques jours fériés.
Propriétaire : l'Etat.
Contact : 02.37.94.02.90.
Internet : www.chateaudun.monuments-nationaux.fr

Château de Beauregard - 41120 Cellettes
Classé MH depuis 1840 (château), ISMH parc et communs. Adhérent VMF et DH.
Visites tous les jours à partir du 8 février, sauf mercredi en février, mars, octobre à novembre.
Propriétaire : Madame du Pavillon.
Contact : 02.54.70.40.05. ***Télécopie :*** 02.54.70.36.74.
Internet : www.beauregard-loire.com

Château de Cheverny - 41700 Cheverny
Classé MH. Adhérent VMF et DH.
Visites tous les jours de l'année. Meute de vénerie. Exposition Tintin. Location de salles.
Propriétaire : Famille Vibraye.
Contact : 02.54.79.96.29. ***Télécopie :*** 02.54.79.25.38.
Internet : www.chateau-cheverny.fr

Château d'Amboise - 37400 Amboise
Classé MH. Adhérent VMF et DH.
Visite tous les jours sauf 25 décembre et 1er janvier.
Propriétaire : Fondation Saint-Louis.
Contact : 02.47.57.00.98. ***Télécopie :*** 02.47.57.52.23.
Internet : www.chateau-amboise.com

Château du Clos-Lucé - 37400 Amboise
Classé MH. Adhérent VMD et DH.
Visite tous les jours sauf 25 décembre et 1er janvier. Parc Leonardo da Vinci. Expositions.
Propriétaire : Famille Saint Bris.
Contact : 02.47.57.00.73. ***Télécopie :*** 02.47.30.54.28.
Internet : www.vinci-closluce.com

Château de Chenonceau - 37150 Chenonceaux
Classé MH. Adhérent DH.
Visite tous les jours, château et parc. Restaurants. Musée et séminaire.
Propriétaire : Famille Menier.
Chef du restaurant : Monsieur Joly.
Contact : 02.47.23.90.07. ***Télécopie :*** 02.47.23.80.88.
Internet : www.chenonceau.com

Château de Villandry - 37510 Villandry
Classé MH, jardins et château. Adhérent DH.
Visite toute l'année, château et jardins. Expositions.
Propriétaire : Monsieur Carvallo.
Contact : 02.47.50.02.09. ***Télécopie :*** 02.47.50.12.85.
Internet : www.chateauvillandry.com

Château de Langeais - 37130 Langeais
Classé MH
Visite tous les jours de l'année.
Propriétaire : Institut de France.
Contact : 02.47.96.72.60. ***Télécopie :*** 02.47.96.54.44.
Internet : www.chateau-de-langeais.com

Château d'Ussé - 37420 Rigny-Ussé
Classé MH. Adhérent DH.
Visite du 18 février au 11 novembre : château, caves, jardins, musée de la Belle au bois dormant.
Propriétaire : Monsieur de Blacas.
Contact : 02.47.95.54.05. ***Télécopie :*** 02.47.95.41.02.
Internet : www.chateaudusse.fr

Château de Gizeux - 37340 Gizeux
Classé MH. Adhérent VMF et DH.
Visite de Pâques à Toussaint. Chambres d'hôtes. Centre équestre.
Propriétaire : Famille de Laffon.
Contact : 02.47.96.45.18.
Internet : www.chateaudegizeux. com

Château du Lude - 72800 Le Lude
Classé MH. Adhérent VMF et DH.
Visite d'avril à septembre, sauf mercredi hors période 15 juin à fin août : château et jardins. Week-end des jardiniers le premier week-end de juin.
Propriétaire : Monsieur L.-J. de Nicolaÿ.
Contact : 02.43.94.60.09. ***Télécopie :*** 02.43.45.27.53.
Internet : www.lelude.com

Château de Montgeoffroy - 49250 Mazé
Classé MH. Adhérent VMF et DH.
Visite des Rameaux à Toussaint.
Propriétaire : Monsieur de Contades.
Contact : 02.41.80.60.02. ***Télécopie :*** 02.41.80.62.66.

Château de Brézé - 49260 Brézé
Classé MH. Adhérent VMF et DH.
Visite du château et des souterrains. Cathédrale d'images. Repas au château. Vins du domaine.
Propriétaire : Monsieur de Colbert.
Contact : 02.41.51.60.15. ***Télécopie :*** 02.41.51.65.15.
Internet : www.chateaudebreze.com

Château de Montreuil-Bellay - 49260 Montreuil-Bellay
Classé MH. Adhérent DH.
Visites du 1er avril au 1er novembre.
Dégustation de vins du domaine.
Propriétaires : Monsieur Xavier de Thuy, Madame Jean-François de Valbray.
Contact : 02.41.52.33.06. ***Télécopie*** : 02.41.52.37.70.
Internet : www.chateau-de-montreuil-bellay.fr

Château de Brissac - 49320 Brissac
Classé MH. Adhérent VMF et DH.
Visites d'avril à octobre sauf mardi, tous les jours en juillet et août. Réceptions. Chambres d'hôtes. Dégustation de vins.
Propriétaire : Monsieur de Cossé-Brissac.
Contact : 02.41.91.22.21. ***Télécopie :*** 02.41.91.25.60.
Internet : www.brissac.net

Château de Goulaine - 44115 Haute-Goulaine
Classé MH. Adhérent VMF et DH.
Visite de fin mars à début novembre sauf mardi, tous les jours en juillet et août : château, volière aux papillons. Réceptions. Dégustation de vins.
Propriétaire : Monsieur Robert de Goulaine.
Contact : 02.40.54.91.42. ***Télécopie :*** 02.40.54.90.23.
Internet : http://chateau.goulaine.online.fr

ABREVIATIONS
MH : Monument Historique.
ISMH : Inventaire Supplémentaire des Monuments Historiques.
VMF : association des Vieilles Maisons Françaises.
DH : association la Demeure Historique.

INDEX alphabétique

Posséder un château est une source de joies sans cesse renouvelées, et aussi de tracas permanents.
A tous ceux qui nous ont accueillis et supportés avec patience, nous renouvelons nos remerciements.

Editeur : Henri Bancaud
Coordination éditoriale : Solenne Lambert
Conception graphique : Brigitte Racine
Photogravure : Microlynx, Rennes (35)
Impression : Imprimerie Pollina, Luçon (85) - L46209B

Edilarge SA, Rennes
ISBN : 978-2-7373-4538-8
Dépôt légal : mars 2008
N° d'éditeur : 5718.01.03.03.08
Imprimé en France
Retrouvez-nous sur www.editionsouestfrance.fr